致死之病

關於造就和覺醒的基督教心理學闡述

齊克果
Søren Aabye Kierkegaard

林宏濤 譯

存在主義之父，現代哲學的出路

Kierkegaard

關於齊克果 1813-1855

一八一三年

五月五日生於丹麥哥本哈根。

齊克果的父親早年是鄉下農工，後來白手致富並娶得富豪之女，躋入哥本哈根上流社會。妻子病間，再娶家中女傭，老年得子，命名為索倫·齊克果。他對幼子管教非常嚴厲，加以齊克果自幼體弱多病，與兄長們相處不睦，種種因素形成齊克果的憂鬱性格。

一八三〇年

就讀於丹麥伯格戴德中學（Østre Borgerdyd Gymnasium），學習拉丁文和歷史等科目。同年十月進入哥本哈根大學（University of Copenhagen）攻讀神學。求學期間，他對於歷史著作的興趣不大，哲學尤其無法滿足他，他無法理解為什麼要「把自己一生都投入思索」，他曾說：「我真正需要的是弄清楚『我要做什麼』，而非『我必須知道什麼』。」

一八三四年

當時的丹麥將基督教定為國教，只要是在丹麥出生的人都被視為基督徒。但在齊克果看來，他周遭充斥一些有名無實的基督徒。在這段期間他的信仰陷入低潮，生活過得頹靡。開始撰寫日記。

同年，齊克果的母親逝世，據稱死於傷寒，享年六十六歲，她是一名樂觀的女性，但齊克果從未在作品中提及母親。

一八三七年

回伯格戴德中學教授拉丁文。

五月八日，初次認識蕾貞娜．奧森（Regine Olsen），彼此互相吸引。

一八三八年

與蕾貞娜交往。八月八日，父親逝世，享年八十二歲。齊克果深受父親影響，他曾寫道：「我深深渴望他能多活幾年……他的死亡是他給我的愛。」父親死後，有段時間齊克果日記幾為空白。而他的教育費、生活費，甚至出版費用，主要皆得力於父親的遺產。

一八四〇年

九月八日，齊克果終於向蕾貞娜求婚，並獲得女方同意婚約。十一月七日，進入傳教學校任職。

一八四一年

十月十一日，與蕾貞娜解除婚約，遠赴柏林。一般認為兩人仍然相愛，而齊克果在日記中寫道，他認為自己的抑鬱讓他不適合婚姻。同年取得丹麥大學文學碩士學位。

一八四三年

二月二十日出版《非此即彼：生活片簡》（*Either/Or*）第一卷和第二卷。十月十六日出版《恐懼與戰慄》（*Fear and Trembling*）。接下來陸續出版多部關於愛的論述集。在這段創作高峰期，齊克果以不同筆名寫作。隔年出版《憂懼的概念》（*The Concept of Anxiety*）。

一八四五年

與他人合著《生命途中的階段》（*Stages on Life's Way*）。齊克果認為人無法透過客觀性獲得真理，真理只能透過主觀性來呈現。他反對傳統哲學論述將真理視為客觀的知識，所以他不願將自己的想法寫成哲學理論，而是以文學的形式呈現。

完成《對哲學片簡之最終非學術的附筆》（*Concluding Unscientific Postscript to the Philosophical Fragments*）第一部分。

Soren Aabye Kierkegaard

一八四七年

《愛在流行》出版。存在主義是齊克果的神學裡最主要也最重要的部分，他認為人要與上帝建立關係，必須是個人的決定與實踐，而非抽象推理。

一八四八年

《基督教論述》（*Christian Discourses*）出版，許多內容同樣在探討「人的憂懼」。

一八四九年

《非此即彼：生活片簡》二版。七月以筆名反克里馬庫斯（Anti-Climacus）出版《致死之病》（*The Sickness Unto Death*），書中提到：「絕望是一種致死之病，是靈的疾病，是自我的疾病」。本書可說是齊克果心靈更成熟後，重敘的《恐懼與戰慄》。他認為絕望是源自於人對自我的誤解，以及人神關係的失衡。它是一種存在處境，就連死亡也不能擺脫的處境。

一八五五年

在生命的後期寫作與出版許多基督教的論述。十月二日昏倒於路上，十一月十一日逝世於哥本哈根弗德烈醫院。據說齊克果臨終時不願接受教會的聖餐，也不肯讓教會介入他的喪禮。

【推薦序】

審視內在心靈的透視鏡

王鏡玲

齊克果在不同的時代都對那個時代的讀者，散發出思想的切身性和存在感的魅力。齊克果的思想影響二十世紀迄今當代宗教哲學、神學、心理學、文化研究等領域，本書雖然寫在十九世紀中期齊克果所生活的丹麥基督教的社會，但是這本書所提出對於「絕望」的人性透徹剖析，具有射向未來的跨文化啟發。齊克果對於人性絕望、憂懼、孤獨、傲慢、偽善、墨守教義、渾渾噩噩、醉生夢死的探究，正是一面透視鏡，不只是針對基督宗教的信徒，也同時提醒非基督宗教以及沒有特定宗教的信仰者，去審視自我內在心靈。

本書有很多精彩段落，有的宛如格言、有的宛如詩篇、有的宛如劇場主角的獨白。即使讀者在閱讀時無法一氣呵成，也可以藉由那些充滿辯證思路的段落，看齊克果如何以犀利的筆調，展現從死蔭幽谷，到曲境通幽的信仰冒險。此外，本書迂迴、內斂中有激情的寫作風格，更是對現今墨守僵化「學術」論文格式的當頭棒喝。以下僅舉幾段精彩段落。

一、對於絕望的辯證詩意

在「第二部：絕望是罪」的開頭處，我們可以看到齊克果透過自身既是詩人又是基督徒的處境，剖析「罪（Synd）是：在神面前或是心裡想著神而在絕望中不想做自己，或是在絕望中想要做自己。」：

詩人可能有相當深邃的宗教渴望，而且會在絕望中心裡想著神。他愛神甚於一切，神是他內心深處的苦悶唯一的慰藉，然而他愛這個苦悶，始終不肯放手。他很想要在神面前做自己，除了讓自我受苦的定點（faste Punkt）以外；在那個定點上，他在絕望中不想做自己。他希望永恆可以拿走它，而在這個世間，不管他感到多麼絕望，他都沒辦法下定決心在信仰裡對它低聲下氣。

可是他始終和神保持著關係，那是他唯一的救恩；對他而言，沒有了神是最難以忍受的事，「他會因而陷入絕望」，然而事實上，他在寫作時會不自覺地對神有一點扭曲，讓人以為神更像一個對孩子們的願望百依百順的慈父。就像失戀的人變成了詩人，終日歌頌愛情的美好，他也成了虔誠的詩人。（頁一四三）

二、對於空洞思辨理論的警覺

齊克果不僅對於當時社會上基督宗教價值觀鞭辟入裡，也以其獨到的基督徒存在體驗，批判那些置身事外、對生命沒有參與感、夸夸其言的知識體系。齊克果以其個人面對上帝的獨特性，與存在處境的合體，與當時主流思辨哲學與神學激烈交鋒。齊克果認為思辨哲學與神學忽略了知識最關鍵的生命冒險、戒慎恐懼的生命現場。「倫理的問題不曾自現實抽離開來，而是深入現實當中，」知識不是思辨體系裡概念操弄的紙上談兵。以下我們看到齊克果以嘲諷的筆調，提醒知行合一的重要：

一個思想家建造了一座龐大的建築，一個體系，一個涵攝整個存在的體系，一套世界歷史等等，可是究其個人生活，我們會很詫異地發現一個令人咋舌而發噱的事實：他自己並沒有住在這棟宏偉的、有拱頂的宮殿裡，而是住在旁邊的棚子裡，或者是在狗屋裡，最多只肯住在門房的小屋子裡。只要有人多說兩句，提醒他這個矛盾，他就會勃然大怒。（頁九五）

三、對於宗教徒的提醒

最後，在現今屬於宗教多元的社會裡，齊克果對於宗教徒的提醒，也很值得參考：

在外邦人的世界，人們因為害怕或畏懼窈窈冥冥的事物而畢恭畢敬地呼喚神的名字，相反的，在基督教世界裡，神的名字往往出現在街談巷議當中，人們總是不假思索地脫口而出，因為那可悲的、對世人顯現的神（他沒有像躲在深宮高苑裡的貴族一樣隱藏起來，反而輕率而不聰明地顯現自己）在所有人當中只是個家喻戶曉的角色，人們偶爾上教堂，就算是幫神一個大忙，當然也得到牧師的讚美，他代表神感謝他們大駕光

臨，推崇他們都是虔誠的信徒，並且揶揄那些從來不上教堂榮耀神的人。（頁一九九）

儘管齊克果還有當時基督徒對於「外邦人」（異教徒）的時代限制，但他也精準地看出，宗教徒自以為掌握所信仰的「神」，卻也因此執著傲慢、反而遠離「神」。甚至在現今世界很多宗教「以神之名」互相攻擊殘殺，都提醒我們重新探索內在靈性，去認識「神聖」的無限與廣闊。

最後，譯者林宏濤先生，將中國哲人的文采融入翻譯的意境，讓本書在閱讀時擺脫外文譯著的語言隔閡，氣韻生動，實屬難得。

本文作者為真理大學宗教文化與組織管理學系副教授

【推薦序】

爲文造就靈性

李麗娟

齊克果（Søren A. Kierkegaard, 1813-1855）在短暫的四十二年生命之中，以大約十年的時間所寫下的著作，至今仍是神學、哲學、心理學、文學等學科研究的重要文獻。一八四六年是研究齊克果著作必須注意的重要年份，這一年標示他寫作事業的一個轉折。自一八四三年出版的《非此—則彼》至一八四六年的《對哲學片斷結語式的及非學科式的後記》，期間齊克果所發表的八部著作以及三篇論文均署以假名。與之平行的是，在這些年代他也以真名發表六份小書，均以「靈修論談」（或本書譯者譯為「造就」）為書名，至一八四六年齊克果才以一篇〈第一個也是最後一個說明〉揭開自己假名作者的身分。署以不同假名出版之因，齊克果自己有所說明，而這些說明是研究其著作相當重要的索引。十分相異於其他作者，齊克果於著述開始即計畫讓他陸續出版的書作成為一個整體的全集。個本書所署以的假名代表不同的「個人」觀點，齊克果設身於不同的立場，以不同的世界觀表達出對人生、對信仰的剖析論述。因而，齊克果也特別說明，這些書中並沒有那一句話代表他自己的觀點，他的身分也像所有讀者一樣，閱讀著這些假名著作，參與在與之對話的過程。若要研究齊克果的思想，就不能只從單本著手，而必須讓幾份文本互相對話，聆聽其所彰顯的事理。齊克果曾在日記中論及，「整個寫作事業是為了我自己的訓練和教育。這裡再一次又是源於蘇格拉底的進路……不是作為一個教師，我是被教導的。」

這也涉及齊克果以假名發表的另一個更為重要的寫作策略，他蓄意以蘇格拉底的「助產士／啟發問答」（maieutic）方式來進行他的寫作事業。蘇格拉底著名的教導是像助產士一樣，並非生者，只能幫助接生。老師的工作是幫助學生知道自己無知，認識自己所知的只是表象，但並非讓其停留於此，而是從而能向著真知努力，將自己在打盹中的真知喚醒。上述以真名發表的六份靈修論談，呈現的是宗教性的敬虔思想，齊克果蓄意安排讓這些信仰著作與其他八部假名著作平行出版，其原因在他之後所寫的《我作為一個作者的工作》中有所說明。署以假名的著作是「間接的傳達」，而具真名的靈修論談則是「直接的傳達」，這兩種傳達形式具有相同的目標，即在於最終要「使人知道基督教的信仰本質」。

一八四六年之後，齊克果的寫作風格改變，大部分不再用假名，改以真名發表，作品主要是針對基督徒的靈修培德／造就而寫。這個轉變並非由於他的信仰態度有所改變。對基督信仰的嚴肅認真一直是以不同形式貫穿在他大多數的作品之中。原先齊克果在一八四六年初想要停止寫作，進入牧師的職分，但是在一八四六年間也發生了極為困擾他的 *Corsar* 事件，捲入與哥本哈根當地著名的週報 *Corsar* 之主編的論戰，不斷受到主編與其聯手的作者之毀謗、攻擊，對齊克果的聲譽以及人際關係影響相當大。由於這個事件，以及他對丹麥國家教會之公務化漸增地不滿，齊克果決定繼續執筆，要做一個像使徒般的作家，為文造就基督徒的靈性。

《致死之病》是齊克果於一八四六年之後少數以假名發表的一本小書，他署以 Anti-Climacus 之假名，乃為與之前的假名 Johannes Climacus 所發表的《懷疑者》、《哲學片斷》和《對哲學片斷結語式的及非學科式的後記》之觀點有別，並且讓二者的觀點互為辯證。其用意不在於互相反對或是比較何種觀點為正確，而是要藉由兩方，讓讀者對基督信仰的本質有更基進、追根究底地認識。齊克果藉著 J. Climacus 以一位哲學家的觀點論述基督信仰，將「罪」視為「非真理」，而 Anti-Climacus 則是從敬虔的基督徒立場出發，從生存中的「絕望」來論「罪」。Anti-Climacus 在書的前言一開頭即論道：「對許多人來說，這本書的『陳述』也許是顯得相當怪的；若為靈修／修勵教化之用，它們對許多人是太嚴謹，若從嚴格的學術性來看，則它們又是太靈修式了。」其實這一語也道破了齊克果神學著作的獨特性，他反省基督教的教義，也與基督教的神學傳統對話，但是，他更著意的是，期望藉著他的論述帶給人靈性上清晰的亮光，在看到自己存在的處境之同時，也看到基督信仰與人的存在具體對遇之處。二者是辯證的，但並非是思想上的正、反、合進程，而是人的存在抉擇與神學思想之間的悖論式辯證。

可以說，對 Anti-Climacus 而言，基督教神學所關涉的更多在於「意志」的問題，而不只是「知識」的問題，主要在於「信」的範疇，而不只是「思」的範疇，因為這個辯證具悖論／困思（Paradox）的本質，無法直接從思想以及嚴格的學術論述予以解決。但齊克果並非放棄對神學的思辨，他之所以在一八四六年之前署不同假名發表，即是要從不同觀點論述、分析、辨明、澄清基督教教義的關鍵點，以呼召讀者重新反思自己的存在問題，呼召讀者願意認真／嚴肅地面對信仰的問題。在《致死之病》書中正是表達，靈修教化與學術二者的功用在其神學中是並存的。這也是歷年來這一本書吸引各種帶著不同旨趣閱讀的讀者之因。

《致死之病》其內容與齊克果在一八四四年以託名 Vigilius Haufniensis 出版的《害怕的概念》（孟祥森譯為《憂懼之概念》）有許多相互關涉之處，兩本書的主旨都在探討基督教「罪」的概念，二者都以人的生存中常可經歷到的心理現象為觀點，可稱之為「主體導向」的思想進路，從而重新詮釋基督教的罪論，拓展出與傳統基督教神學有所相異的視域。《害怕的概念》其副標題是：「一個朝向主體學／心理學並與教義的原罪問題相關的考慮」，《致死之病》的副標題則為：「為靈修教化與覺醒而寫的一個基督教—主體學／心理學的說明」。將「psychologisch」譯為「主體學／心理學」主要因為，Psychologie 在傳統的西方哲學可以溯至柏拉圖以及亞里斯多德的靈魂理論。這個專詞主要是指人的靈、心智、主體性方面的活動，如思想、想像、意願、感受等。自十九世紀中期起，由於 S. Freud 等心理學家使用特定的理論、方法探究人的心理，而逐漸發展、形成當今特定範疇的「心理學」定義。齊克果在這兩本書中以這一主題發展，一方面是藉由觀察、描述人的心理現象進展神學理論，另一方面，在《害怕的概念》中，齊克果援引黑格爾的觀點，稱 Psychologie 為「主體的靈之研究」（Lehre vom subjektiven Geist）。這個概念背景讓讀者了解，《致死之病》與《害怕的概念》二書在談心理現象之時，主要不在於論述、分析近代的心理學問題，而是直接關聯人的主體之「靈」的問題。

害怕、絕望、存在的不確定感等是所有的人在其生存中都可以經歷到的感受，齊克果在《致死之病》中以非常細緻的筆法以及分析，觸及人的心靈深處，層層剝析，讓讀者在閱讀的過程，赤裸裸地看見自己的內心，無可閃避地與內在對遇。本書論述人存在的最大問題是絕望，而絕望其實就是自我關係的失調。Anti-Climacus 指出，正是在「絕望」的病症上，永恆的神向人揭示，人是被自己的絕望所釘住，無法脫身。只有造他的永恆者可以讓他從中釋放，得到他當有的自己，成為自己。齊克果以悖論的筆法寫出，「這是『永恆』在人身上所做的最大的、無限的讓步，然而也是永恆對人的要求。」成為自己既是人的自由，但也是神給人的恩典和對人的要求，這是理智難以消解的悖論，也是齊克果在《致死之病》中以人是自由與必然性的綜合而論的精彩之處。這裡正是 Anti-Climacus 論「信」之處，一個人「信」神即表示，他願意放下他的理智，以為要得到神；同時也是，人願意放下他自己的絕望，相信「決定在於：在神凡事都能」，而在「信」之中實現他存在的實在性。「信」因而消解了人存在的矛盾。

《致死之病》所論的另一個主題是基督信仰的「罪」觀。罪並非是道德議題，Anti-Climacus 指出，一個認識神的人，或是有神的觀念的人，如果他絕望於不願做他自己或是絕望於要做他自己，這二者的表現都是罪。在《致死之病》的第一部，Anti-Climacus 指出人的自我意識普遍具有的絕望之實況，在第二部他則提出，當人認識到他的自我是直接立於神面前的自我之時，就不再是從人的標準來衡量自我，而是，這個自我將具有新的質，並且也要繼續從新的方面來發展這個自我。當人認識這個新的自我的可能性，卻對這個自我絕望，不願成為這個該有的自我之時，齊克果稱之為罪，那正是在神面前的「不信」。「罪」在此前提之下其同義詞就是「不信」，或者說其反義詞就是「信」。這也是基督教信仰本質的根本。因此，從齊克果的觀點，惟獨人立於神面前才可能知罪，基督教的罪觀當從此論起。

因此，Anti-Climacus 在書中特別指出，基督教義中的罪觀首先是人活在上帝面前不順服上帝旨意的問題。上帝並非員警或檢察官，時刻在我之外監視著我，隨處察看我有沒有犯錯，以定之為罪。不！Anti-Climacus 精準地指出，人的過錯之所以稱為罪，是因為人在神面前而顯出其犯罪意識。這意識是不願讓神的旨意成為他自己的意願，也就是不願意順服神之意。而所論的這意識，並非指存心在道德上犯什麼過錯，而是，他知道自己活在神面前，卻對自我絕望，不願成為神手中的自我。Anti-Climacus 這樣的定義並非要避開人在道德上所犯的過錯的問題，而是他看到，人之所以不同於其他受造物，首先在於人是靈，是時間與永恆的綜合。永恆終究要向人的存在發問，人終究要單獨立於永恆面前交代他的一生。Anti-Climacus 這種從存在的絕望定義罪的觀點，直接與人是「靈」的特性相關，突顯出人對神的回應之必需。

因此 Anti-Climacus 論述，罪也是意志的問題。由此，Anti-Climacus 批判蘇格拉底對罪的定義。蘇格拉底認為「罪是無知」，但 Anti-Climacus 予以反駁，提出基督教所論的罪不在於知識層面，而在於意志。在於人不願意順服神、至善。但是蘇格拉底的觀點也有對的部分，因為，人若真知道順服神旨意的好處，他也就不會違背了。悖論的是，人處在不順服／罪之中，他無法了解順服神的好處，也不認為自己是在罪中。惟獨藉著「信」，就是神所給的條件才得以知。這恰恰是引起許多人惱怒的觀點。從這個層面可以說，「罪是無知」。但一個人如果已經信了神，從神的聖言知道罪是什麼，卻在神前絕望於不願做他自己或絕望於定意做他的自己，這就真是罪了。

齊克果在《致死之病》中以「自我」（self）為基礎論起，從此觀點也可以與近代的學科研究有所對話。「自我」是一個普通用詞，也是近兩個世紀在腦科學、心理學、社會學、哲學、神學等等學科常被探討的主題。腦科學研究由於磁振照影與腦磁儀等儀器的發展與使用，在近幾十年對人類大腦的運作以及功能之了解有顯著的成果，在國際上已成為強大的研究趨勢，各個學科紛紛熱切地與之進行跨學科合作計畫。心智哲學的研究者進行與認知科學的對話，提出定義「自我」的問題。如戴維森（Donald Davidson, 1917-2003）將自我定義為「不可化約」（irreducibility）的概念，是生活在社會中的個人其經驗主體、與其他心智交流以及經驗客體的基本單位。持類似觀點的學者反對用任何科學實驗的方式定義人的心智（mind）。但是也有一派心智哲學卻是全然擁抱腦科學研究成果，由此重新定義心智以及相關的「自我」問題。持此派觀點的學者宣稱沒有所謂的「自我」，自我只是幻象，只是腦神經的運作所浮現的現象，從而取消人的主體性，定義人的意識功能與人工智慧的機器人沒有兩樣。齊克果在《致死之病》中所分析、呈現的，人於生存所經歷的普遍實境，恰恰呈顯腦科學研究以及一般的心理學無法予以適當解決之範疇，也成為人之所以為人必須面對的困境。在當今以科學數據導向發展人觀的主流趨勢之下，《致死之病》提供讀者反思生存意義、真實面對自我的問題之閱讀歷程。

欣見商周出版在《愛在流行》之後，繼續翻譯、出版齊克果的著作。過去《致死之病》已有一些中文譯本，此版新譯本在譯文的準確性以及流暢性都表現極佳的水準，看得見譯者的十分用心。

本文作者為聖光神學院助理教授

【推薦序】

一窺齊克果的哲學辯證與溝通方法、倫理學立場、基督宗教的心理學分析

汪文聖

《致死之病》是部頗具結構性，但內容不失詼諧且處處充滿機鋒的一部書。開始時提出的問題是自我（Self）是什麼？齊克果的回答是先確立人是有限者與無限者、瞬息與永恆、自由與必然、身體與心靈的四組兩重因素的綜合，但誰來決定這個綜合呢？齊克果基於基督宗教的立場，將這個決定者歸為上帝。

《致死之病》主要的論題是「絕望是致死的病」，絕望的來源根本在於上述的綜合關係失去了由上帝來決定的關係。齊克果在開始問自我是什麼之後回答了：「（自我是）讓自身關連到那個定立了整個關係的關係」。這個句子有兩個「關係」的概念，前者是上述的綜合關係，後者是第三者決定這綜合關係的關係。在本書的不同脈絡中，我

們發現，真正的自我是被上帝決定的人自己，或是被上帝決定的關係本身，甚或是上帝自身。

既然絕望才是致死的病，那麼肉體的死亡就不是真正的致死；既然對於人的決定是上帝，那麼人的生命也由上帝來決定。因此在「導論」的起頭即有耶穌針對拉撒路的肉體死亡而說：「這病不至於死」；反之，基督徒所領會的更可怕的事卻是絕望所引起的致死之病。

在失去上帝來決定人的綜合關係之前提下，絕望有著不同的種類與強弱層級。齊克果是循序漸進對於絕望從不自覺到自覺，從對個別事物到對普遍事物，進而對自我的絕望來解析的。從第一部到第二部，絕望程度的升級更基於：從本來沒有面對上帝轉為承認有個上帝，但尚未對祂產生信仰；絕望因此提高到有罪，並在持續加深中有著不同罪的層級。

我們綜觀一下《致死之病》，看看它除了在探討人從絕望深處轉而信仰上帝之外，還給予了我們哪些啟示？

第一、齊克果和黑格爾的關係。在本書討論從意識方面去看絕望的第一節，齊克果說到一個思想家建造一座大建築，包括整個存在與世界歷史體系，但自己卻住在大樓旁的棚子或是狗屋裡。這顯然在批評黑格爾。但齊克果在此書的構思卻有著黑格爾辯證法的影子。例如前述的人之綜合關係再受之於第三者的關係，但這是否是一種黑格爾式的「思辨辯證」（speculative dialectic），也就是從「在己」（in itself）發展到「為己」（for itself），最後再到「在己為己」（in and for itself）呢？其實當例如有限者與無限者做綜合時，先是無限者對有限者的否定後，再建構了一個包涵這兩者元素的綜合體，但這個建構不是人的精神發展所成就的，卻是否定了人的精神而訴諸於上帝作為決定這綜合的第三者。故它可稱為一種「否定辯證」（negative dialectic），是對於人以及世俗的否定，相對於黑格爾對於人的精神與歷史行程的肯定。

第二、齊克果與蘇格拉底的關係。在第二部論「絕望是罪」的一節中討論了蘇格拉底對罪的定義。齊克果反對蘇格拉底以為罪是無知，因為齊克果強調罪是一種意識，人是知道自己的罪的。雖然一方面齊克果批評蘇格拉底定義罪時缺少了意志的元素，但另一方面他又同意蘇格拉底所區分的了解與真了解，贊同他以為若真了解就會受感動而去實踐。然而齊克果以為若沒有從上帝那裡得到真了解的啟示，甚至不願意從上帝那裡獲得真知，以致於有著這種對於違抗命令之意志自覺的罪，才能出現從知到行過渡的辯證動機，這點則是在蘇格拉底那裡仍然付諸闕如的。

第三、對於惡魔心境的刻畫。這是出現在第二部第二章「罪的連續」的一段話裡。齊克果以為投降於魔鬼的人常央求別人不要向他說一些行善的話，以使他感到軟弱。他要求自己在行邪惡的事上是始終一貫的，而又只在連續犯罪中才感到自在，才覺得有自己。故維繫他的並不是那新的罪，新的罪只是那陷於罪中的一種新的表達。然而，當更加深陷於罪以維持自己時，人的魔性越來越上升，但是魔鬼本身又是如何呢？他事實上是在面對上帝的過程中，從放棄基督教的守勢轉為向上帝宣戰的攻勢，從軟弱提升到違抗，從違抗再到冒犯。最後齊克果即強調：「這個冒犯把基督說成是魔鬼虛構出來的。」這是罪的最高乘方，最深的絕望。如何從這裡反轉為信仰，是本書始終討論的主題，而這就要回到書中開始所提出的論題：人的綜合關係是由上帝所決定的。

第四、本書的副標題是：「關於造就和覺醒的基督教心理學闡釋」。這個「造就」一詞本來指的是對於教會成為基督教團體的造就，但本書顯然是基督徒自己對於信仰的造就，過程則是從對於絕望由淺至深的體認，從最極度的罪翻轉到信仰的覺醒。針對此齊克果所做的心理學分析歷程，不只是往人的心靈深度的潛意識去發掘，更往駐於人心但又超越其上之上帝去接壤，儼然形成一種高度心理學的分析歷程。

第五、齊克果在分析絕望由淺入深時的種種形態時，也刻畫出人存在的不同形態。舉例來說，不願做自己的絕望表現在一位少女委身於所愛的絕望，想要做自己的絕望表現在如凱撒欲擁有權力的絕望；在人的綜合無法完成時的絕望中，無限的絕望表現在人陷於幻想中的絕望，有限的絕望表現在人的心意狹隘、精神卑下的絕望，可能的絕望表現在人的妄想卻反而沉浸於憂鬱的絕望，必然的絕望表現在人陷於宿命論或市儈庸俗的絕望等等。

第六、齊克果以間接的溝通方式（indirect communication）來表達。首先本書的作者被齊克果署以假名 Anti-Climacus，而自居為編者，這表示齊克果不以作者直接和讀者溝通。其次，本書的表達處處充滿隱喻、故事、嘲諷、戲謔的修辭文筆，因為作者不欲將真理本身直接地傳達給讀者，而在將真理和感情連結，以啟發與刺激讀者，讓他能真了解真理，從而產生出行動力。

這裡簡單指出《致死之病》提供了齊克果哲學的辯證與溝通方法、倫理學的立場、基督宗教的心理學分析，並啟發了我們對於罪惡、現實中的人格形態的深入了解。但本書展開的面相不僅如此而已，它有待讀者的細讀、品味，以開發出更多的意涵。這是部值得推薦給不論是基督教徒或非基督教徒的一部好書！

本文作者為國立政治大學哲學系教授

CONTENTS

【推薦序】審視內在心靈的透視鏡　王鏡玲　7
【推薦序】為文造就靈性　李麗娟　13
【推薦序】一窺齊克果的哲學辯證與溝通方法、倫理學立場、基督宗教的心理學分析　汪文聖　23
前言　35
導論　39

第一部　致死之病是絕望　43

A　絕望是致死之病　45
（A）絕望是靈的疾病，是自我的疾病，因而可能有三種形式：在絕望中沒有意識到擁有一個自我（不是真正的絕望）；在絕望中不想做自己；在絕望中想要做自己。　46
（B）絕望的潛能與實現　48
（C）絕望是「致死之病」　53
B　這個病（絕望）的普遍性　61

CONTENTS

C　這個病（絕望）的種種形態　71
（A）不去反省絕望是否被意識到，以這種方式思考絕望，因而是只考慮到整個綜合裡頭的種種構成環節　73
a　就無限性和有限性的規定去了解絕望　73
α 無限性的絕望是缺少有限性　74
β 有限性的絕望是缺少無限性　78
b　從可能性和必然性的定義去看的絕望　82
α 可能性的絕望正是缺少必然性　82
β 必然性的絕望在於欠缺可能性　86
（B）在意識的規定下的絕望　92
a　對於身處絕望當中渾然不覺的絕望，或者說對於擁有一個自我和一個永恆的自我渾然不覺的絕望　93
b　當絕望意識到自己陷入絕望，因而意識到擁有一個在其中有某

個永恆者的自我，然後在絕望中或者不想要做自己、或者想要做自己 100
α在絕望中不想做自己，軟弱的絕望 103
1因為塵世或是塵世事物的絕望 104
2對於永恆者的絕望或是因為自己的絕望 119
β在絕望中想要做自己的絕望：抗拒 128

第二部　絕望是罪 139

A　絕望是罪 141
第一節　對於自我的意識的各個階段（其定義為：在神面前） 145
附論　罪的定義裡包含了「冒犯」（絆倒）的可能：對於「冒犯」的概述 151
第二節　對於罪的蘇格拉底式的定義 158
第三節　罪不是否定，而是肯定 171

CONTENTS

關於A的附錄 177

但是如此一來，在某個意義下，罪豈不是變成更罕見的東西？（道德） 177

B 罪的延續 183

（A）因罪而生的絕望的罪 190

（B）對於赦罪感到絕望的罪（冒犯） 195

（C）正面地（modo ponendo）揚棄基督教或是宣稱它是個謬論的罪 213

致死之病

關於造就和覺醒的基督教心理學[1]闡述

（*Sygdommen til Døden: En christelig psychologisk Udvikling til Opbyggelse og Opvækkelse*）

反克里馬庫斯　著（Af Anti-Climacus）[2]
索倫・齊克果　出版（Udgivet af S. Kierkegaard）

哥本哈根，一八四九（Kjøbenhavn 1849, Paa Universitetsboghandler C. A. Reitzels Forlag, Trykt hos Kgl. Hofbogtrykker Bianco Luno）

主啊，請讓我們對無益的事睜一隻眼閉一隻眼，而對您所有的真理明察秋毫。[3]

---

1 譯注。這裡所謂的「心理學」，是指自亞里斯多德以降的哲學心理學，而不是馮德以後提倡的經驗心理學。

2 譯注。「反克里馬庫斯」（Anti-Climacus）這個筆名是影射齊克果的《哲學片簡》（*Philosophiske Smuler*, 1844）以《非科學的結語》（*Afsluttende uvidenskabelig Efterskrift*, 1846）的筆名「約翰．克里馬庫斯」（Johannes Climacus）。「克里馬庫斯」是階梯的意思，意味著他所謂拾級而上的各個存有層次（審美、倫理和宗教）。「反克里馬庫斯」暗指和「約翰．克里馬庫斯」在思想發展上的對反。

3 譯注。作者引自阿貝提尼主教（Johannes Baptista von Albertini, 1769-1831）的講道（*Handbuch deutscher Beredsamkeit: enthaltend eine Übersicht der Geschichte und Theorie der Redekunst, zugleich mit einer vollständigen Sammlung deutscher Reden jedes Zeitalters und jeder Gattung*, Oskar Ludwig Bernhard Wolff (1799-1851), bd. 1-2, Leipzig 1846, s. 250-251; bd. 1 (Die geistliche Beredsamkeit), s. 293-299; s. 293.）。

前言 1

許多人或許會覺得這個「闡述」（Udviklings）有點怪異；對他們而言，這個語詞一方面太嚴謹而讓人興味索然，沒有什麼造就作用（opbyggelig），另一方面卻又太高唱入雲了，沒辦法當作嚴謹的科學知識。[2]就後者而言，我倒沒什麼意見。不過如果是前者，那麼我就有點不以為然了。如果說「闡述」真的太嚴謹了而讓人提不起勁來，我會認為此言差矣。一方面它沒辦法造就所有人，因為不是每個人都具備條件照著它的話信守奉行；可是另一方面，它卻具有「造就」（Opbyggelse）的性格。從基督徒的觀點來看，任何事物，是的，任何事物都應該從「造就」去考量。[3]無法啟發人心的那種學術，不能算是基督教的信仰。所有屬於基督教信仰的東西，在表達上都很像是一個醫師在病人床邊的醫囑；雖然只有醫師才能夠明白，但是他不能忘記他是在對病人說話。這正是基督教和生命的關係（而不像學術距離生命那麼遙遠），或者說，基督教信仰的倫理面向正是造就，而它的表達方式不管再怎麼嚴謹，也和學術迥然有別，可以說有質的差異，後者是「漠不相關的」（ligegyldig），從基督徒的觀點來看，它趾高氣揚的英雄主義根本算不上是英雄主義，對基督教而言，那只是一種不近人情的好奇心而已。基督徒的英雄主義——誠然不多見——是勇於成為自己，成為一個個人，這個獨一無二的個人，孤獨地面對神，孤獨地面對這個一生無可如何之遇，孤獨地面對這個四顧茫然的責任；但是抽象地思考人的問題[4]，和世界歷史玩猜猜我是誰的遊戲，那絕對不是基督徒的英雄主義。所有基督教的知識，不管其形式再怎麼嚴謹，它都是操危慮患的，但是這個「擔憂」（Bekymring）正是所謂的造就。這個擔憂正是和生命的關係，和個人的實相的關係，因而是基督教觀點下的「戒慎恐懼」（Alvoren）；那種趾高氣昂而漠不相關的知識，對於基督徒而言，根本算不上戒慎恐懼，在基督徒看來，那只是貧嘴薄舌，夸夸其言罷了。可是另一方面，戒慎恐懼正是造就。

1 譯注。《致死之病》之翻譯及注釋係根據以下版本：*Sygdommen til Døden: En christelig psychologisk Udvikling til Opbyggelse og Opvækkelse*, Kjøbenhavn 1849; *Die Krankheit zum Tode*, übersetzt von Emanuel Hirsch, Düsseldorf 1954; *The Sickness unto Death*, translated by Alastair Hannay, London 1989; *The Sickness unto Death*, translated by Howard V. Hong and Edna H. Hong, New Jersey, United Kingdom 1980。

2 譯注。這裡指的是黑格爾學派的思辨哲學和神學。

3 譯注。「造就」一詞見：《哥林多前書》14:26：「弟兄們，這卻怎麼樣呢？你們聚會的時候，各人或有詩歌，或有教訓，或有啟示，或有方言，或有翻出來的話，凡事都當造就人。」

4 譯注。原文作「以『純粹的人』（rene Menneske）故弄玄虛」，這裡影射黑格爾哲學裡所謂「純粹之有」的範疇，見黑格爾《邏輯學》：「有是純粹的無規定性和空。即使這裡可以談到直觀，在有中，也沒有什麼可以直觀的；或者說，有只是這種純粹的、空的直觀。」中譯見：《邏輯學》，楊一之譯，商務印書館（1966）。

所以說，在某個意義下，這樣一篇短論一個大學生就有辦法寫了；可是在另一個意義下，卻又不是每個大學教授都寫得出來的。

但是這篇文章的表達方式就是這個樣子，它至少是經過深思熟慮的，在心理學上也說得過去。當然還是可以有更煞有介事的寫作風格，架子擺得太高了，反而沒什麼了不起，司空見慣以後，就很容易變成無益戲論。

還有，雖然只是一件小事，我卻有義務要說；我只說一次，在整本書裡，正如書名所說的，絕望（Fortvivlelse）被理解成一種疾病，而不是解藥。絕望就是這麼辯證（dialektisk）。在基督教的用語裡，死亡是最深層的屬靈苦難的表現[5]，可是它的解藥偏偏就是死亡，就是撒手人寰（afdøe）。[6]

西元一八四八年

5 譯注。《羅馬書》5:12：「這就如罪是從一人入了世界，死又是從罪來的；於是死就臨到眾人，因為眾人都犯了罪。」另見5:21; 6:16。

6 譯注。丹麥文「afdøe」也是死亡的意思，不過強調「逝世」的意義。這裡是指保羅「死於罪惡」的教義。《羅馬書》6:2：「斷乎不可！我們在罪上死了的人豈可仍在罪中活著呢？」

導論

「這病不至於死。」（《約翰福音》11:4）可是拉撒路真的死了；門徒誤會耶穌隨後對他們說的話：「我們的朋友拉撒路睡了，我去叫醒他。」（11:11）於是耶穌明白對他們說：「拉撒路死了。」（11:14）所以說，拉撒路死了，可是這個病不至於死；他死了，可是這個病仍然是不至於死的。我們都知道耶穌想要行神蹟，好讓他對同來的猶太人說：「你若信，就必看見上帝的榮耀。」（11:40）這就是主叫拉撒路復活的神蹟；因此，「這病」不只是不至於死，而是如基督預言的，「乃是為了上帝的榮耀，叫上帝的兒子因此得榮耀。」（11:4）但是就算基督沒有叫拉撒路復活，這病、這個死亡本身，不也一樣是不至於死的嗎？當耶穌來到墳墓前，大聲呼叫說「拉撒路，出來」（11:43），**這個**病豈不是顯然不至於死嗎？就算耶穌沒有呼叫他，這個「復活在我，生命也在我」（11:25）的人來到墳墓前，不也意味著這病不至於死嗎？基督的存在，不正是意味著**這個**病不至於死嗎？如果說拉撒路終有一死，那麼他從死裡復活又有什麼用，如果對於每個信仰他的人而言，他不是那個「復活在我，生命也在我」的人，那麼復活對拉撒路又有什麼好處呢？不，我們說「這個」病不至於死，不是因為拉撒路復活了，而是因為基督的存在，所以這病不至於死。對人而言，死亡是一切的終點，而且，對人而言，只有活著，一切才有希望。然而在基督教的理解裡，死亡絕對不是一切的終點；其實，它只是宇宙萬有裡的一個小事件，永恆生命裡的浮漚；在基督教的理解裡，相較於生命，死亡裡的希望要多得多，不只是人們所說的生命，更包括健康有活力的生命。

所以說，對基督教而言，就連死亡也不算是「致死之病」（Sygdommen til Døden），更不用說是塵世的、一時的痛苦：貧窮、疾病、困苦、煎熬、橫逆、心靈的痛苦、牽掛、悲傷。就算這些遭遇讓人們或至少是受難者痛苦不堪而慨嘆「這個痛苦真是生不如死」，這些遭遇雖說不是疾病，卻也不遑多讓，但是在基督教的理解裡，它們仍然不是「致死之病」。

基督教信仰就是要基督徒這麼驕傲地思考人間的、俗世的事物，包括死亡。基督徒幾乎就是這麼驕傲地摶扶搖而直上，睥睨人們所說的一切不幸或最不堪的噩運。然而基督教信仰卻也因而發現了一個始終不為人知的不幸；這個不幸就是致死之病。屬血氣的人列舉了所有人生難堪的境遇，而找出其中最駭人聽聞的，在基督徒眼裡，也只不過是笑話一則。這就是屬血氣的人[1]和基督徒之間的關係；那就像是小孩和大人的關係：讓孩子觳觫不安的東西，大人卻覺得沒什麼大不了。小孩子不知道要害怕的東西，大人卻聞之色變。小孩子的愚騃在於，先是不認識那真正可怕的東西，卻又被一點也不可怕的東西嚇得魂飛魄散。屬血氣的人也是如此：他們對真正可怖可畏的事物一無所知，卻沒有因此擺脫恐懼，不，他們還是會害怕那其實一點也不可怕的事物。那就好比外邦人的神人關係：他們不認識真正的神，甚至把偶像當作神來膜拜！

只有基督徒才明白致死之病是什麼意思。作為一個基督徒，他得到一種屬血氣的人不知道的勇氣，他因為學會畏懼那更加可怕的事物而得到這種勇氣。人總是這樣得到勇氣的；當他擔心一個更大的危險時，他總是有勇氣面對比較小的危險；當他極度害怕一個危險時，其他危險似乎都不存在了。然而，基督徒認識到的最駭人的危險，正是「致死之病」。

---

1 譯注。《哥林多前書》2:14：「然而，屬血氣的人（naturlig menneske）不領會神聖靈的事，反倒以為愚拙，並且不能知道，因為這些事惟有屬靈的人才能看透。」

第一部

致死之病是絕望

A

絕望是致死之病

（A）絕望是靈的疾病，是自我的疾病，因而可能有三種形式：在絕望中沒有意識到擁有一個自我（不是真正的絕望）；在絕望中不想做自己；在絕望中想要做自己。

人是靈（Aand）。但是靈是什麼？靈是自我。但是自我是什麼？自我是自我和它自己的關係（Forhold），或者說是在關係中自身相關的關係；自我不是關係，而是關係和它自身之間的關連。人是無限者與有限者、瞬息與永恆、自由與必然的綜合，簡言之，他就是個綜合。所謂的綜合是兩者之間的關係。如此看來，人並不是自我。

在兩者之間的關係裡，關係是第三者，是否定的統一（negativ Eenhed），那兩者和關係產生關連，在關係中和關係產生關連；在靈的規定（Bestemmelse）[1]之下，心靈和身體的關係就是一種關係。然而，如果關係使它自身和自身產生關連，那麼這個關係就是肯定的第三者，而這就是自我。

如此自身相關的關係，就是自我；它不是自己定立（sat）[2]的，就是由某個他者（Andet）定立的。

如果自身相關的關係是由他者定立的，那麼關係就的確是第三者，但是這個關係，這個第三者，它卻又是個關係，讓自身關連到那個定立了整個關係的關係。

人的自我就是這樣一個衍生的、定立的關係，一個自身相關的關係，而由於它是自身相關的，因而也和他者有關。因此，真正的絕望可能有兩種形式。如果說人自己定立他的自我，那麼只會有其中一種形式：不想成為自己，想要擺脫自己，但是他不可能在絕望中做自己。後者的公式尤其表現出整個關係（自我）的相依相待，它說明了自我沒辦法透過自己獲致平衡和寧靜，也沒辦法找到自己，而只能透過自身相關的方式，透過和那定立整個關係的存有者產生關連。是的，絕望的第二個公式（在絕望中想要做自己），之所以是自成一格的絕望形式，那是因為所有絕望終究都可以回溯到它自身，並且消融在其中。即使絕望者自以為意識到他的絕望，而且不把它胡亂當作外界臨到他身上的東西（差不多像是得了眩暈症似的，因為神經錯亂而抱怨他的腦袋很重，或者說有什麼東西砸到他頭上之類的，可是那個重量或壓力並不是外在的東西，而是內心的倒

1 譯注。「Bestemmelse」德語「Bestimmung」，在哲學上一般指區分、定義、界說、定性，由於「一切規定（定義）都是否定」，因而規定也是限制和否定。

2 譯注。「定立」（sat），是費希特哲學裡的重要概念，原指邏輯上的正命題，是肯定的事實，也就是設定某命題為有效；「定立」是定言命題，不是以它者為前提的假言命題。

影），想盡辦法要憑一己之力打破那個絕望，他仍然是在絕望當中，就算費盡力氣，到頭來只是越陷越深。絕望的失衡不是單純的失衡（Misforhold）[3]，而是在自身相關且由他者定立的關係裡的失衡，因此，這個在「為己的」（for sig）[4]關係裡的失衡，也在和那定立關係的力量之間的關係裡永無止盡地反映著它自身。

所以說，以下就是自我如何讓絕望完全銷聲匿跡的公式：由於自我和自己產生關連，由於它想要做自己，它完全透明地接受那定立它的大能的安排。

（B）絕望的潛能與實現

絕望是個優勢或是缺陷？僅僅就辯證法來看，它兩者皆是。如果只考慮到絕望的抽象觀念，而完全沒有想到絕望的人，那麼你可以說那是個很了不起的優勢。這個病的可能性正是人類勝過動物之處，這個殊異完全不同於人類的直立行走，因為那意味著身為靈的他，是無限的直立（Opreisthed）或崇高（Ophøiethed）。這個病的可能性是人類勝過動物之處；而意識到這個病，也正是基督徒勝過世人之處；能治好這個病，則是基督徒的福分。

所以說，能夠感到絕望，其實是個極大的優勢，可是陷於絕望不僅是最大的不幸和苦難，不，那簡直是毀滅（Fortabelse）。[5]然而潛能（Mulighed）和實現（Virkelighed）[6]的關係卻非如此；如果說擁有某個可能性是個優勢，那麼真正的存有則是更大的優勢。換言之，存有之於潛能，是拾級而上的關係。[7]然而就絕望而言，存有之於潛能卻是一種墜落。所以說，雖然潛能的優勢無限地大，墜落卻也無限地深。因此，對於絕望而

---

3 譯注。丹麥文「Misforhold」是不成比例、不相稱的關係，也有矛盾和對立的意思，它和丹麥文的「關係」（Forhold）一詞形成對比。

4 譯注。「為己」相對於「在己」，常見於德國觀念論的用語，或譯為「自在」、「自為」，其含義相當廣泛。沒有任何規定或分別的、肯定的、沒有被意識到的、潛能的、直接的、抽象的、不在任何關係中的存在，是「在己」或「自在」；有規定和分別的、因而是否定的、揚棄自身的、被意識的、實現的、中介的、具體的、在關係中的存在，則是「為己」或「自為」。而兩者之統一則是「在己為己」或「自在自為」：它是在己的存在透過為己而生成的存在，透過自我的揚棄和分離而回到它自身，是無限的、具體的整體、真實的、絕對的、圓滿的。

5 譯注。丹麥文「Fortabelse」是毀滅或損失的意思。

6 譯注。這裡的「潛能」（可能性）和「實現」（現實性）是指亞里斯多德的「潛能」（dynameis）和「實現」（energia）。

7 譯注。見亞里斯多德《形上學》1049b：「實現『先於』潛能。……實現對於所有這類潛能，在公式和本體上均屬先於，在時間上，某一義可說『先於』，另一義則非『先於』。」

言，不陷入絕望是一種上升。但是這個定義卻是有歧義的。所謂的不陷入絕望，不同於沒有跛腳或瞎眼之類的。如果說不陷入絕望的意思不多不少就是不陷入絕望，那麼它正好就意味著陷入絕望。不陷入絕望必須意指著根除陷入絕望的可能性；如果一個人能夠不絕望，那麼他必定在任何時刻都要摧毀那個可能性。然而潛能和實現的關係卻非如此。誠然，思想家會說，實現是潛能的幻滅，但其實不全然如此；那是個實現了的、積極的潛能。相對的，這裡的實現（不絕望）是個否定，是失去力量的、被消滅的潛能，這就是為什麼它是個否定；一般而言，實現和潛能的關係是一種證實，可是在這裡，它卻是一種否認。

在自身相關的綜合裡，絕望是一種失衡。但是這個綜合本身並沒有失衡；它只是個潛能；或者說是在綜合裡存在著失衡的潛能。如果綜合是失衡的，那麼絕望根本就不會存在，絕望就會是深植於人性本身的東西。也就是說，那不會是絕望；那會是臨到人們身上的東西，是他遭受到的痛苦，就像是人們染上的疾病，或者是像死亡一樣，那是每個人都會遭遇到的命運。不，人是不是絕望，完全取決於他自己。如果他不是個綜合，他根本就不會絕望；如果這個出自神的手的綜合一開始就不是處於均衡的關係，那麼他一樣也不會絕望。

那麼絕望是從哪裡來的？它來自一種關係，在其中，綜合和它自身產生關連，因為那把人創造成一種關係的神，讓這個關係從他手中脫離，也就是說，關係和它自身產生關連。而且由於關係是靈，是自我，只要它存在，絕望的責任就落在它頭上，不管絕望者如何巧妙地欺騙自己和別人，把他的絕望說成一種不幸，和前面提到的眩暈症那種疾病混為一談，它和絕望雖然在性質上截然不同，卻也有許多共同點，因為眩暈症是就心理的定義（Bestemmelse）而言的，而絕望則是可以涵攝在靈的定義之下，後者和絕望有許多相似之處。

一旦這個失衡，這個絕望出現了，它會理所當然地持續下去嗎？不，那不會是理所當然的；如果這個失衡持續下去，原因不在於失衡，而是在於自身相關的關係。也就是說，每次出現失衡的時候，只要它存在，它都必須回溯到關係。例如說，我們可以說某個人一時疏忽染上某種病。於是這個病侵襲他，自此產生作用，成為一種**實現**，而它的源頭卻必須逐步回溯到**從前**。如果不分青紅皂白地對他說「在這個當下，你這個病人招致這個病」，那未免既殘忍又不人道，那就像是要人在任何一個當下就把疾病從實現消解成潛能一樣。沒錯，是他自己招致疾病的，但是他就是那麼一次大意染上；而疾病的持續就只是他一時疏忽所致，但是疾病每個當下的延續卻不能都歸因於他；以前的確是他招致疾病的，但是現在他並沒有**招惹**它。然而絕望卻不是這麼一回事。絕望的每個實現的當下，都可以回溯到它的潛能；每當他陷入絕望時，都是他自己**招致**這個絕望。這個當下永遠都是現在式；它不像是有些東西，在和實現的關係中，是已經過去的、從前的東西；在絕望的每個實現的當下裡，絕望者都背負著潛能當中所有過去的東西，猶如現在的東西一般。其原因在於，絕望是靈的一個定義，它和人心裡的永恆事物有關。但是他不能擺脫永恆事物，不，他永遠都擺脫不掉。他不能一勞永逸地甩掉它，沒有什麼事比這個更不可能的；在任何一個當下，只要他沒有擁有它，他不是已經甩掉它，就是正要甩掉它，但是它還會回到他身上，也就是說，在他每次陷入絕望的當下，他都是自己招致絕望的。因為絕望的原因不在於失衡，而在於那個自身相關的關係。人不能擺脫和自己的關係，正如他不能擺脫他的自我，它們是同一回事，因為自我就是和自己的關係。

（C）絕望是「致死之病」

然而，「致死之病」這個概念必須以特別的方式去理解。它的字面意義是指以死亡為終點的病。我們也會說絕症或致命的病，意思是一樣的。在這個意義下，絕望就不能說是致死之病。可是在基督教的理解裡，死亡本身是「進入生命」的。[8] 因此，在基督教的觀點裡，世俗的、肉體的病，都不算是致死之病，因為雖說死亡是病的終點，但是死亡本身並不是終點。真要談到狹義的致死之病的話，那麼這個病應該是以死亡為終點，而且死亡本身也就是終點。而抱持這種看法正好就是陷入絕望。

但是在另一個意義下，絕望更可以確定就是致死之病。就字面上的意義來說，人不可能死於這種病，它的終點也不會是肉體的死亡。相反的，絕望的痛苦之處正是在於死不了。因此它更像是重病患者，躺在病榻和死亡搏鬥，一時卻又死不了。因此，「至於」死的病是沒辦法死；然而那並不是還有一線生機的意思，不，真正的無望是，就連

8 譯注。《約翰福音》5:24：「我實實在在的告訴你們，那聽我話、又信差我來者的，就有永生，不至於定罪，是已經出死入生了。」

最後的希望，也就是死亡，就連這個希望都不可得。如果說死亡是最大的危害，那麼我們會希望活下去；但是如果我們知道還有更讓人膽戰心驚的危害，那麼我們倒希望死了。當危害大到人們寧可希望死去，那麼絕望就是想死也死不了的那種無望。

正是在這第二個意義下，絕望可以說是致死之病，這個痛苦的矛盾，這個自我的疾病，永遠地死亡，死亡卻又沒有死，那是「死去」（at døe Døden）。[9]因為死亡意味著一切都結束了，但是「死去」指的卻是活著的人對於死亡的經驗；而如果人在一瞬間經驗到這個死亡，那麼他就一輩子都要經驗到它。如果說人會死於絕望，就像人因病而死，那麼在他心中永恆的東西，也就是自我，也會如因病而死的肉體一般地死亡。然而這是不可能的，絕望的死亡會不斷讓它自己復活。絕望的人沒辦法死，正如「刀劍無所加於思想」[10]，絕望也不會摧殘那永恆的東西，在絕望深處的自我，它的蟲是不死的，它的火是不滅的。[11]然而絕望正是一種**自我**摧殘，雖然它是一種軟弱無力的自我摧殘，沒辦法做它想做的事。它想要摧殘自己卻做不到，而這個軟弱無力卻成了一種新的摧殘形式，在其中，絕望還是沒辦法做它想做的事，沒辦法摧殘自己；這是一種自乘（Potentsation），或者說是自乘公式（Loven for Potentsationen）。[12]這是在絕望當中的發炎症狀或壞疽[13]，不斷腐蝕到軟弱無力的自我摧殘的深處。如果說絕望沒辦法摧殘他，這對絕望者而言絕對不是什麼值得安慰的事。正好相反，這個安慰剛好是一種摧殘，它不斷助長那腐蝕著人心的痛苦，讓生命不斷遭受腐蝕，因為他正是為此才感到絕望（而不是「曾經絕望」）：他沒辦法摧殘自己，沒辦法擺脫自己，沒辦法化為虛無。這是絕望的自乘公式，在自我的疾病裡，發燒的體溫會越來越高。

絕望者會**對某個東西**感到絕望。它在俄頃之間看起來是如此，不過也只是一瞬間而

---

9 譯注。《創世記》2:17：「只是分別善惡樹上的果子，你不可喫，因為你喫的日子必定死。」必定死（dying thou shalt die）的「死」，丹麥文聖經作「døe Døden」（德譯：「den Tod zu sterben」，英譯：「to die death」）。

10 譯注。丹麥詩人艾華德（Johannes Ewald, 1743-1781）語。

11 譯注。《以賽亞書》66:24：「他們必出去觀看那些違背我人的屍首；因為他們的蟲是不死的，他們的火是不滅的；凡有血氣的，都必憎惡他們。」《馬可福音》：「你缺了肢體進入永生，強如有兩隻手落到地獄，入那不滅的火裡去。倘若你一隻腳叫你跌倒，就把他砍下來；你瘸腿進入永生，強如有兩隻腳被丟在地獄裡。倘若你一隻眼叫你跌倒，就去掉他；你只有一隻眼進入上帝的國，強如有兩隻眼被丟在地獄裡。在那裡蟲是不死的，火是不滅的。」

12 譯注。齊克果在這裡用了數學上的「乘方」的比喻。若干英譯本都譯成「intensify」（增強），而遺漏了這個比喻的含意。德文本譯作「Potenzierung」則兼有「乘方」和「增強」的意思。

13 譯注。丹麥文作：「det Hidsende」和「den kolde Brand」。

已；在那個當下，真正的絕望會顯現，或者說絕望以真實的面貌顯現。由於當時他對**某個東西**感到絕望，他其實是對**自己**絕望，而現在他要擺脫他自己。比方說，一個有雄心壯志、以「不是做皇帝，就是什麼也不做」[14]為座右銘的人，到頭來卻做不成皇帝，因而對此感到絕望。但是這也有另一個意思：因為他做不了皇帝，使得他現在很受不了自己。結果卻變成他沒有因為做不了皇帝而感到絕望，卻因為沒有當上皇帝而對自己絕望。這個自我，如果當上了皇帝，應該會躊躇滿志（在另一個意義下，那也是一種絕望），可是現在對他而言，這個自我卻是最讓他受不了的東西。在更深層的意義下，讓他難以忍受的，不是做不成皇帝，而是那個沒有做成皇帝的自我；或者更確切地說，讓他難以忍受的事，是他沒辦法擺脫他自己。如果他真的當上皇帝，他會絕望地擺脫他自己；可是他到頭來做不成皇帝，也就沒辦法絕望地擺脫他自己。基本上他的絕望是相同的，因為他沒有擁有他的自我，他不是他自己。如果他真的當上皇帝，他不會擁有他自己，反倒會擺脫他自己；而當他做不成皇帝，他則是會對於沒辦法擺脫自己感到絕望。因此說一個絕望者是在摧殘自己，那其實是很膚淺的說法（他們或許從來沒看過絕望的人，包括他們自己）。但是這正是絕望者想做卻做不到的事，因而感到痛苦不堪，因為絕望點燃了在自我裡既燒不起來也燒不壞的東西。

所以說，對某個東西絕望，還不算是真正的絕望。那是個開端，或者如醫師在講到一個疾病會說的，它還在潛伏期。接下來就是發病期的絕望，也就是對自己的絕望。一個年輕女子因為愛情而感到絕望，也就是說，她因為失去戀人、因為他的死、因為他的出軌而感到絕望。這不能說是發病期的絕望；不，她是對自己感到絕望。她的這個自我，如果她變成他的「愛人」，她會滿心幸福地拋棄它，可是現在這個自我成了沒有「他」的自我，它就變成對她的一種折磨。這個自我原本會是她的寶藏（雖然在另一個意義下，它也可能會是令人感到絕望的），因為「他」死了，卻成了令她作嘔的空虛，或者是令她厭惡的東西，因為它讓她想到他的出軌。你不妨對一個女孩子說「妳在摧殘自己」，你得到的回答會是：「噢不，我的痛苦正是因為我沒辦法摧殘我自己。」

對自己感到絕望，在絕望中想要擺脫自己，這是所有絕望的公式，因此，絕望的第二種形式，在絕望中想要做自己，可以回推到第一種形式，也就是在絕望中不想做自

14 譯注。羅馬帝國皇帝博吉亞（Caesar Borgia, 1475-1507）語，拉丁文作「Aut Caesar aut nihil」。

己，正如我們先前把「在絕望中不想做自己」的形式納入「在絕望中想要做自己」的形式裡（見（A））。一個陷入絕望的人，會絕望地想要做自己。但是如果他絕望地想要做自己，他當然不會想要擺脫自己。好吧，或許表面上如此，但是如果仔細觀察，這裡的矛盾顯然如出一轍。他絕望地想成為的自我，不是他現在的自我（因為想要成為真正的自我，和絕望正好相反），也就是說，他想要讓自我抗拒那個當時定立自我的力量。然而，不管他再怎麼絕望，他都沒辦法做到；他的絕望再怎麼費盡心力，那個力量還是比它強大，迫使他心為形役，做個他不想做的自我。但這就是他擺脫自己的方式，擺脫掉他現在的自我，才能做那個他夢想中的自我。如果能做他想做的自我，他應該會躊躇滿志（雖然在另一個意義下仍然無異於絕望），可是現在他被迫做那個他不想做的自我，這就是他的痛苦：他沒辦法擺脫他自己。

蘇格拉底在證明靈魂不朽時說，不同於肉體的病對肉體的摧殘，靈魂的病（罪）沒辦法摧殘靈魂。[15] 所以說，如果說絕望沒辦法摧殘他的自我（而這正是絕望之中矛盾的痛苦），那麼就可以證明一個人心裡有個永恆的東西。如果一個人心裡沒有任何東西是永恆的，他就不可能絕望；而如果絕望會摧殘他的自我，那麼就根本不會有絕望。

這就是絕望，這個在自我裡的病，這個致死之病。絕望的人病入膏肓。這個意思不同於其他任何疾病。這個病侵襲最重要的器官，但是他卻死不了。死亡不是病的終點，但死亡卻往往是個終點。想以死亡擺脫這個病，那是不可能的事，因為這個病和它的痛苦（以及死亡），正是在於人死不了。

這就是陷入絕望的狀態。不管絕望者再怎麼閃避它，不管他是否僥倖（lykkes）失去他的自我（尤其是不知道自己陷入絕望的那種絕望），而且是不知不覺失去它：永恆還是會證明他陷入絕望的狀態，把他的自我牢牢釘在他身上，而沒辦法擺脫自我的那種痛苦也始終是他的附骨之疽，讓他明白，他以為自己僥倖擺脫了自我，那其實只是他的幻想。永恆不得不這麼做，因為擁有一個自我，做自己，那是對人最大的讓步，是無止盡的讓步，但是那也是永恆對人的要求。

15 譯注。見柏拉圖《國家篇》第十卷 608c-610。

B

這個病（絕望）的普遍性

醫師都會說，沒有哪個人是完全健康的，熟諳人性的人也會說，沒有誰是完全不絕望的，每個人內心深處總會有個不安，覺得不滿足，覺得哪裡不對勁，對於不知名的或是不敢認識的事物感到焦慮，對於某個可能存在的東西的焦慮，或是對自己的焦慮，就像醫師談到潛伏在身體裡的疾病一樣，人也會有一種疾病，一種屬靈的疾病，而時或的莫名焦慮，則是這個疾病的徵兆。在基督教世界（Christenheden）[1]以外，沒有人不曾感到絕望，就算在基督教世界裡，也沒有人不曾感到絕望，如果他們不是真正的基督徒的話；而由於他們不完全是真正的基督徒，因此他們多少都會陷入絕望。

許多人當然會覺得這個說法太過弔詭或誇大其辭，認為這個想法太過陰暗而掃興。但是事實完全相反。它一點都不陰暗，正好相反，它有如慧日破諸闇；它一點也不掃興，反倒會振聾發聵，因為它認為每個人都負有最高的使命，也就是人都應該是靈；這個說法一點都不弔詭，它其實是一個循序漸進的基本觀念，因此完全沒有誇大其辭。

然而世人對於絕望的看法仍然停留在表象，因而是相當膚淺的觀點，也可以說根本沒有觀點可言。它以為人自己最清楚自己是否陷入絕望。你說你陷入絕望，別人也就會認為你在絕望當中；你說你沒絕望，他們也只能認為你沒有。結果絕望就成了罕見的現象，雖然它其實是很普遍的。陷入絕望的人並沒有那麼罕見；不，真正不絕望的人其實寥寥無幾。

一般人對絕望的認知都很貧乏。他們尤其忽略了，沒有陷入絕望，或者說沒有意識到自己陷入絕望，正是絕望的一種形式（這只是千千萬萬種絕望的形式之一）。在更深層的意義下，一般人對於絕望的看法，差不多就像是他們對於一個人是否生病的認知——這是就更深層的意義而言的，因為一般人對於靈是什麼的理解（而不明白靈是什麼，也就沒辦法理解絕望是什麼），遠遜於他們對於健康和疾病的認知。一般而言，如果一個人沒有說他生病，人們就會認定他是健康的，而如果他說自己身體很好，那就更不用說了。但是醫師對於疾病卻有不同的看法。為什麼？因為對於什麼叫作健康，醫師有一定的專業認知，並且據此診斷一個人的狀況。醫師知道，正如有些疾病是幻想出來的，健康也可能是個幻想，在後者的情況裡，他首先會想辦法找出疾病在哪裡。一般來

1 譯注。齊克果所謂的「Christenheden」（基督教世界），指的是他那個時代的教會當局，他另外以「Christendommen」指稱基督教信仰。另見：齊克果《一個作者的觀點》，孟祥森譯，水牛（1968）。

說，醫師，尤其是醫師（見聞豐富的醫師），並不會完全信任病人對於自己的狀況的描述。如果每個人關於自己是否健康或是哪裡有病痛的說法都完全可信，那麼執業當個醫師也就成了一種幻想。醫師的工作不只是開立處方而已，診斷出病症才是他的第一要務，也就是必須先確定所謂生病的人是否真的生病，或者說所謂健康的人是否真的沒病。而靈魂的醫師和絕望的關係也正是如此。他知道什麼是絕望；他認得它，因此不管一個人說他有沒有陷入絕望，他都不會就此滿足。我必須指出，在某個意義下，說自己陷入絕望的人，並不總是真的在絕望當中。絕望是可以裝出來的，而絕望作為一個心理的範疇，也時常被人搞混，而和各種一時的心理狀況混為一談，例如沮喪或矛盾心理，它們沒多久就會過去，而不會發展成絕望。然而心理醫師會把這些狀況都視為絕望的形式；他看得出來那是假裝出來的，然而這個假裝本身正是絕望；他也看得出來，不管是沮喪或什麼的，其實都無關痛癢，然而這個無關痛癢本身也正是絕望。

一般人的看法也忽略了，相較於疾病，絕望和一般的疾病有著辯證的差異，因為它是屬靈的病。確切地說，這個辯證關係又會把上千種關係置於絕望的定義之下。如果說一個醫師認為一個病人沒有病，而那個人後來生了病，那麼醫師可以合理地說那個病人

以前很健康，只不過**現在**生了病。可是絕望卻並非如此。絕望一旦出現，那就證明了那個人早在以前就陷入絕望了。因此，我們在任何時刻都無法判斷一個人是不是免於陷入絕望，因為只要他一陷入絕望，當下就證明了他一輩子都在絕望當中。反過來說，如果一個人發燒，我們不能說他顯然一輩子都在發燒。絕望是一種屬靈的定義，它和永恆有關，在它的辯證關係中也有一點永恆的意味。

絕望不僅僅和一般的疾病有著辯證的差異，它的所有症狀也都是辯證的，膚淺的看法在確認絕望是否存在時很容易受騙。沒有陷入絕望其實可能意味著陷入絕望，而陷入絕望可能意味著免於絕望。安穩和寧靜可能意味著陷入絕望，這個安穩和寧靜可能正好就是絕望；而絕望可能意味著克服絕望，找到平靜。沒有陷入絕望不同於沒有生病，因為沒有生病不可能等於生病，可是沒有陷入絕望卻可能正好意味著陷入絕望。絕望和疾病是兩回事，生病的人會有不適感。它們卻完全不同。在這裡，不適感也是辯證的。完全不會感到不適正是陷入絕望。

這意味著，也正是因為，就身為靈的人而言（而且只要談到絕望的問題，人就必須被定義為靈），人的境況總是杌隉不安的。我們會說生病是個危機，但不會說健康是個危機。為什麼不呢？因為身體健康是一種直接性的規定，它在疾病中才會是辯證的，也才有所謂危機的問題。然而在屬靈的觀點裡，或者是當人被視為靈的時候，不管是健康或生病，總是有旦夕之危；靈的健康不會是理所當然的。

一旦我們沒有把人放在靈的規定底下去看（而當我們不這麼做，也就不會有絕望的問題），而是把人視為身心的綜合體，那麼健康就是個直接性的規定，只有心理或身體的疾病才會是個辯證性的規定。然而所謂的絕望正是人沒有意識到自己被規定為靈。就算是人間最美好的事物，少女們平安、和諧、歡樂的荳蔻年華，它也是一種絕望。它當然也是幸福，可是幸福並不是靈的規定，而在幸福最不為人知的深處，也潛藏著憂懼（Angest），這個憂懼正是絕望；它很想一直藏身其中；因為對絕望而言，幸福的深處正是它最渴望的居所。雖然它幻想自己很安穩寧靜，可是所有直接性（Umiddelbarhed）都是憂懼，因而對於虛無也最是憂心；對於最駭人的事物最令人毛骨悚然的描述，它讓直接性感到的憂懼，遠遠不及對於某個不確定的東西若有似無的、不經意的、卻又是刻意的、算計過的影射；事實上，讓直接性最感到憂懼的，莫過於這種既若有似無、卻又很清楚自己在說什麼的弦外之音。直接性當然不知道怎麼回事；可是用虛無設下陷阱的反省（Reflexion）卻總是能捕捉到它；而當反省本身就是虛無時，也最能表現它的本來面目。那是很特別的反省，或者更確切地說，那是堅信自己能夠承受對虛無的反省，也就是無限的反省。所以說，就算是人間最美好的事物，也就是少女們平安、和諧、歡樂的荳蔻年華，那也是一種絕望，雖然它是幸福的。正因為如此，我們沒辦法憑著這個直接性躲過生命。就算這個幸福真的溜走了，那也無濟於事，因為那正是絕望。正因為致死之病完全是辯證的，從來都沒得過這個病反而是最大的不幸：染上這個病是神的賞報，雖然它是最危險的病，如果人們不想病癒的話。撇開這個不說，一般而言，病癒是一種幸福，而疾病本身才是不幸。

因此，世人認為絕望是罕見的現象，這完全是無稽之談，正好相反，它是很普遍的。一般人以為當一個人不覺得自己絕望，他就沒有陷入絕望，或者說只有他說自己很絕望，他才算是陷入絕望，這真是荒天下之大謬。相反的，如果說一個人一本正經地說他覺得自己陷入絕望，相較於不被認為絕望或是不覺得自己陷入絕望的人，就辯證的環節而言，他反倒比較接近病癒。心理醫師應該會同意我的說法，大抵上，人們一輩子總是渾渾噩噩，沒有意識到自己註定要成為靈，因此一般所謂的安身立命，其實正是絕望。相反的，會說自己陷入絕望的人，往往操危慮深，而總是能夠意識到自己是靈，或者是有過痛苦的經驗或是艱難的抉擇，使得他們意識到自己是靈，非此即彼；因為真正沒有絕望的人，才是世間罕見的。

唉，世人好談人間的困境和苦難——我試著理解它們，也親身經歷過一些；世人好談虛擲生命，但是真正的虛擲生命，其實是一輩子都被生命的喜樂悲愁蒙在鼓裡，而不曾豁然明白自己是靈，是自我，或是類似的東西，從來沒有注意到，或者在最深層的意義下領會到有個神，而「他」，他自己，他的自我，都是為了這個神而存在：這個無限的賞報，不透過絕望是絕對得不到的。悲哉世人飽食終日無所用心，任憑這個最幸福的念頭偷偷溜走！悲哉世人俯仰一生，孜孜不倦地演出生命的戲劇，卻不曾想起這個福分，悲哉世人肩摩踵接，而一直被蒙在鼓裡，卻不曾塊然獨處，領會到每個人都可以得到那至高而唯一的東西，唯一值得永遠涵泳其中的東西。我真想為那些可悲的人們永遠地哭泣。這個殘忍的疾病更讓我難過的地方是，它是隱藏的，不只是因為患病的人想要隱藏它，而且他們真的隱藏得很好，不只是因為它可以隱藏在一個人心裡而無人知曉，不，更是因為它可以隱藏在一個人的內心深處，就連他自己都察覺不到！當塵世的沙漏漏盡，當人間的喧鬧歸於沉寂，徒勞無益的營營擾擾也都告終；當你四周一片闃靜，有如永恆的寂然無聲——不管你是男人或女人，有錢人還是窮苦人，仰人鼻息或是傲岸獨立，不管你幸運或是不幸，不管你是位列公侯，錦衣玉食，或是出身寒微，整天勞苦受熱[2]，不管你是名垂千古，或是默默無聞地混跡人群；不管你的周遭頌聲載道，或是處處招致物議，聲名狼藉：永恆只問你以及無量眾生中的每個人一件事：你是否活在絕望中，你是否太過絕望，以致於對於自己的絕望一無所知，你是否想盡辦法把這個病藏在心裡，變成你錐心蝕骨的祕密，變成你心裡有罪的愛的果實，或是絕望地奮袂攘衿，怒目切齒，嚇壞了所有人。如果你曾經以這種方式活在絕望中，那麼不管你有得有失，對你而言，一切都已經失去了，永恆不會替你辯護，它從來都不認識你，或者更悲慘的是，它認識的你就如同你被人認識的自己一樣[3]，讓陷入絕望的你被你的自我困住。

2 譯注。《馬太福音》20:12：「他們得了，就埋怨家主說：我們整天勞苦受熱，那後來的只做了一小時，你竟叫他們和我們一樣嗎？」

3 譯注。《哥林多前書》13:12：「我們如今彷彿對著鏡子觀看，糢糊不清（原文作：如同猜謎）；到那時就要面對面了。我如今所知道的有限，到那時就全知道，如同主知道我一樣。」

C

這個病（絕望）的種種形態

我們可以反省「自我」作為一個綜合體的種種構成環節（Momenter），藉以抽象地了解絕望的種種形態（Skikkelser）。自我是由無限性（Uendelighed）和有限性（Endelighed）組成的。然而，這個綜合是一種關係，雖然它是衍生性的，卻是自我相關的關係，也就是自由。自我就是自由。然而自由又是可能性和必然性的種種規定當中的辯證關係。[1]

首先，我們必須就意識（Bevidsthed）的規定去思考絕望；絕望是否被意識到，構成了絕望與絕望之間的質的差別。當然，在概念上，所有絕望都會被意識到；但是這不意味著在概念上所謂陷入絕望的人，他們會自己意識到它。因此，意識是關鍵因素。一般來說，對於自我而言，意識，也就是自我意識（Selvbevidsthed），是相當關鍵的東西。意識越多，自我也就越多；意識越多，意志也越多；意志越多，自我也越多。一個沒有意志的人不能算是個自我；但是他的意志越多，他的自我意識也越多。

（A）不去反省絕望是否被意識到，以這種方式思考絕望，因而是只考慮到整個綜合裡頭的種種構成環節

a 就無限性和有限性的規定去了解絕望

自我是無限性和有限性的有意識的綜合，這個綜合是自我相關的，它的任務是要成為自己，這只能透過和神的關係才能實現。成為自己也就是成為具體者。但是成為具體者並不是說變成有限者或無限者，因為成為具體的東西本身就是個綜合。所以說，形成的過程正是在於人在自我的無限化當中無限地遠離自身，在有限化當中無限地回到自身。但是如果自我沒有成為自己，它就是陷入絕望，不管它自己知不知道。然而自我存在的每個片刻都是在生成變化（Vorden）當中，因為「潛態中的」（κατά δύναμιν）自我並不真正存在，而只是應該會存在。所以說，由於自我沒有成為自己，它就不是它自己；然而當它

1 譯注。自我是有限和無限的綜合，這個觀念源自費希特的哲學。

不再是它自己，那就是絕望。

α 無限性的絕望是缺少有限性

這個情況要歸因於作為一個綜合的自我的內在辯證關係，其中每個環節都是它自身的對立。絕望的任何形式都沒辦法直截了當地（也就是非辯證地）規定，而只能透過對於其對立面的反省。人們可以直接描述陷入絕望的人的境況，正如詩人為他寫的「對白」（Replikken）一樣。[2] 但是人們只能用絕望的對立面去規定它，如果說「回答」有詩的價值的話，那麼它在對白的潤色上就應該包含了辯證的對立映像。於是，每個人應該已經是無限的、或只是想要成為無限的存在，或者更好說是人們應該已經是無限的、或只是想要成為無限的存在的每個瞬間，其實正是絕望。因為自我是個綜合，在其中，有限者是限定的環節，而無限者則是延伸的環節。因此，無限性的絕望是想像的、沒有界限的，因為自我唯有曾經陷入絕望、完全透明地接受神的安排，它才是健康的、免於絕望的。

想像的東西當然和想像（Phantasie）的關係最緊密，可是想像又和感覺、認知、意志有關，所以說，一個人可能會有想像的感覺、想像的認知、想像的意志。大抵上，想像是無限化的媒介；它不像其他的感官，它不是什麼能力，如果真要說是個能力的話，它可以說是「代替所有其他」（instar omnium）能力的能力。一個人會有什麼樣的感覺、認知、意志，終究要取決於他有什麼樣的想像，也就是說他如何反省他的想像。想像是無限化的反省，所以老費希特（Fichte）是有道理的，他認為就算是知識的問題，想像仍然是所有範疇的根源。[3]自我是反省，而想像也是反省，是自我的鏡像，而那鏡像又是自我的潛態。想像是所有反省的潛態；而這個媒介的強度又是自我的強度的潛態。

一般而言，想像的東西讓人向外馳求無限者，卻只是讓他遠離他自己，因而沒辦法回到他自身。

當感覺變成想像的，自我就只會漸漸消翳，最後變成一種想像的濫情，它違反人性

2 譯注。「對白」（Replikken，回答的意思），原本是指戲劇裡的對話。
3 譯注。在《全知識學基礎》裡，費希特認為創造性的想像力是所有知識的根源。

地不屬於任何人，反倒違反人性地對於抽象事物的命運感傷起來，例如聽起來很抽象（in abstracto）的全體人類。正如風濕病不會影響他的感官知覺，後者倒是會受到風和天氣的影響，不由自主地對任何天氣變化很敏感，一個人的感覺也是如此，當它只是出於想像，它不知怎的就會無限化，但是他並沒有因此更加成為自己，因為他其實是更加失去自己。

當知識變成想像的東西，其境況也是如此。如果說自我真的成為它自己，那麼知識的增長應該會和自我知識的增長成正比，自我認識的東西越多，它就越加認識自己，這是自我在認知方面的形成法則。否則，知識越是增加，它就會更加變成違反人性的知識，在追求知識當中，反倒是在揮霍一個人的自我，就像是浪費人力在建造金字塔上，或者像是俄羅斯的管樂隊，找來一大群人，每個人卻只吹一個音，不多也不少。[4]

同樣的，當意志變成想像的東西，自我也會漸漸蒸發消翳。意志具體化的程度沒有和它的抽象化成正比；意志必須變成具體的，才能使得它在發心和決定當中越是變得無限，它就更能一步一腳印地把握當下，使得它在無限化的過程中真正地回到它自身，使得它在向**萬里無寸草處**行去（意志在發心和決定當中成就了最高的無限）的同時，卻只是站在**自家門前**，做好這一天、這個鐘頭、這一刻該做的小事。

當感覺、知識或意志變成想像的東西，到頭來整個自我也會變成那樣的東西，不管是主動地一頭栽進想像裡，或是被動地神遊物外，個人都要為此負責任。不管是抽象的無限化，或是抽象的孤立，自我都過著一種想像的生活，人不斷失去自我，越來越遠離自己。就拿宗教來說，人和神的關係是一種無限化；但是在想像中，這個無限化會讓人心旌搖曳，宛如酩酊大醉。對一個人而言，為神而活似乎是無比沉重的事，因為他沒辦法回到自身，沒辦法成為他自己。如是沉醉在想像當中的信徒會說（我們不妨透過若干對白形容這個人）：「一隻麻雀可以活得下去，那是可以理解的事；它不知道它是為神而活的。但是知道人為神而活，卻沒有因此馬上發瘋或是成為泡影，那是不可能的事！」

但是人變成想像的東西，因而陷入絕望，這並不意味著人一定會過得不好（雖然通常如此），沒辦法表現得人模人樣，追逐世俗的事物，結婚生子，被別人讚美和敬

4 譯注。俄羅斯管樂隊由六十隻銅管樂器組成，每一隻樂器只在演奏中吹一個音。

重——而或許別人也不會注意到他在深層的意義下其實已經失去了自我。這種事並不會讓大地震動；因為自我是人世間最不受重視的東西，反倒是讓人察覺到他擁有自我，才是最危險的事。失去自我的危險，可能會在世界裡不聲不響地發生，宛如什麼事也沒有。世上沒有什麼損失會如此不聲不響地發生；任何其他損失——一隻胳臂、一條腿、五塊錢[5]、一個老婆——當然都會被察覺到。

β 有限性的絕望是缺少無限性

正如在 α 一節當中所述，其原因在於作為一個綜合的自我的內在辯證關係，因而每個環節都是它自身的對立。

缺少無限性，是一種令人絕望的自我設限和目光短淺。在這裡則是倫理上的目光短淺和侷限。其實世人在意的只是知識或美感上（æsthetiske）的侷限或是無關緊要的東西，因為所謂的俗世正是指人們過度重視無關緊要的事物。世俗的觀點總是執著於人和人之間的差別，對於那唯一不可或缺的東西也就一無所知（因為擁有那個東西就意味著靈修），更不會明白因為失去自我而造成的自我設限和目光短淺，自我不是在無限中消翳的，而是因為完全的有限化，變成一個數字而不是一個自我，因而只是另一個人，是另一個千篇一律（Einerlei）[6]的複製品。

這個絕望的目光短淺就在於缺少了原始狀態，或者說是人們自己放棄了他們的原始狀態，是人在屬靈意義下的自我閹割。每個原始狀態的人天生就是要成為自我，那是他們的天命；而每個自我也都當然有稜有角，後來卻都被磨平了，那不是因為這些稜角本來就應該被磨掉，也不是因為對人畏懼[7]而放棄做自己，更不是因為對人畏懼而放棄在它更本質的偶然性當中做自己（這個偶然性當然不能被磨光，在那裡頭，人仍舊是為了自己而做自己）。雖然有一種絕望會在無限者裡迷航而失去自己，可是有另一種絕望，它會使得自我被「他者」騙走。廁身於人群當中，沉迷在俗世事物裡，清斯濯纓，濁斯濯足，這種人會忘記他自己，忘記他在天上的名字，不敢信任他自己，覺得做自己實在

5 譯注。原文的貨幣單位是「帝國銀行塔勒」（Rbd, Rigsbankdaler），是丹麥貨幣史上為期不長（1813-1854）的一種貨幣。

6 譯注。原文即作德文「Einerlei」。

7 譯注。《箴言》29:25：「對人畏懼，必陷入羈絆。信賴上主，必獲得安全。」

太危險了，不如隨波逐流，世故鄉愿，還比較安全一點，也就是成為一個複製品、一個數字，混跡在人群中。

這種形式的絕望，在世界裡幾乎無人知曉。人以這種方式失去了自己，因而在操奇計贏、與世推移上面更加游刃有餘，在人世間左右逢源，到處都吃得開。人對於自我以及自我的無限化一點也不會感到遲疑或為難；他有如滚石一般的圓滑，像流通的貨幣一樣出入無礙（courant）。他看起來一點也不像是絕望的人，行為舉止與他人無異。世人對於真正可怖可畏的東西本來就渾然不覺。如果絕望不只不會造成生活上任何的不便，甚至讓生活更加輕鬆愜意，它當然不會被認為是絕望。我們看到街談巷議裡充斥著世人的這種看法，那只是庸言庸行的處世哲學罷了。好比說，說錯話會後悔十次，而保持緘默只會後悔一次，為什麼呢？因為說出去的話就像潑出去的水，已經是外在的事實，會讓人惹禍上身，因為它是實現了的東西。而沉默則不然。然而那其實才是最危險的事。因為沉默會使人躲藏在自己的世界裡；在那裡頭，現實沒辦法懲罰他，也不會因為說出去的話而惹麻煩，他卻也沒辦法因此得到什麼幫助。不，在這方面，沉默反倒是容易的事。但是對於知道什麼才是真正可怕的東西的人而言，任何轉向內心的、沒有任何外在跡象的過錯和罪，都是最讓他擔心的事。世人認為暴虎馮河是危險的事，為什麼呢？因為那有可能造成損失。不要冒險才是明智之舉。而那原本很難以失去的東西，也就是自我，正因為不肯冒險，現在卻極為容易就失去，不管因為冒險有多少損失，都沒有像失去自我那麼澈底、那麼行若無事、彷彿它根本不算什麼似的。因為如果我只是暴虎馮河，那麼生命就會以懲罰的方式來幫助我。但是如果我完全不去冒險，那麼有誰會來幫助我？再說，如果我是在最高的意義下拒絕冒險（這個最高意義下的冒險正是意識到自己），我會像個膽小鬼，賺取世間的一切好處，卻失去了我自己。[8]

有限性的絕望就是這麼回事。因為一個人陷入這種絕望，他在俗世裡如魚得水，甚至更加優游自在，做個體面的人，得到讚美、景仰和聲望，沉醉在俗世的名聞利養裡。是的，人們所謂的塵世正是到處充斥著這種人，他們把自己抵押給這個世界了。他們逞一己之能，積累財富，鑽營俗世事業，錙銖必較，或許也會在史上留名，卻做不了自己；就屬靈角度而言，他們沒有自我，沒有一個可以讓他們為之生為之死的自我，沒有

8 譯注。《馬太福音》16:26：「人若賺得全世界，賠上自己的生命，有什麼益處呢？人還能拿什麼換生命呢？」

一個可以面對神的自我——不管他們再怎麼追尋自我。

b　從可能性和必然性的定義去看的絕望

對於生成變化（Vorden）（自我亦然，它要自由地成為自己）而言，可能性和必然性是不可或缺的。正如無限性和有限性（ἄπειρον/πέρασ），可能性和必然性也是自我本來具足的東西。一個沒有可能性的自我是陷入絕望的自我，一個沒有必然性的自我亦復如是。

α　可能性的絕望正是缺少必然性

如前所述，之所以如此，那是因為（作為一個綜合的自我內在的）辯證關係。正如在和無限性的關係當中，有限性是一種侷限，在和可能性的關係當中，必然性也是處處掣肘的東西。由於作為無限性和有限性的綜合的自我已經定立，也就是在「潛態中的」，現在為了成為它自己，它以想像為媒介反映它自身，無限的可能性因而得以開顯。在「潛態中的」的自我既是可能的也是必然的，因為它雖然是自我，卻也身負著成為自我的任務。

就它是它自己而言，它是必然的，而就它將要成為自己而言，它卻是一種可能性。但若可能性超越了必然性，自我也會在可能性當中擺脫它自己，它再也不必回到它的必然性那裡；這就是可能性的絕望。這個自我變成了一個抽象的可能性，他在可能性裡疲於奔命，可是既找不到來時路，也不知道要往何處去，因為那個地方正是必然性；成為自己其實就是朝著那個地方走去。生成變化是離開那個地方，然而成為自己卻是要走向那個地方。

對於自我而言，這個可能性似乎越來越巨大，越來越有可能，因為沒有任何東西成為現實。到頭來，一切似乎都是可能的，但是就在這個時候，深淵吞沒了自我。每個小小的可能性都必須花一段時間才會變成現實，但是到頭來，變成現實所要花費的時間越來越短；一切越來越短暫。可能性越來越強烈，不過那只是在可能性的意義下，而不是現實的意義；因為在現實的意義下，所謂的強度是指可能事物的實現。就在某個事物顯現為可能性的那個當下，總會出現一個新的可能性，到頭來，這些幻想相續不絕而間不容髮，宛如一切都是可能的，而到了這個最後的瞬間，一個人自己也就完全變成了夢幻泡影。

現在，自我欠缺的當然就是現實；一般人會說，那個人變得不實在了。然而我們追根究柢才發現，他欠缺的其實是必然性。哲學家們都搞錯了，他們把必然性解釋成可能性和現實性的統一[9]，不，應該說現實性是可能性和必然性的統一。當一個自我如是在可能性當中失去它自己，那不只是因為他失去動力；至少我們不應該以一般的方式去理解它。基本上，他欠缺的是服從的動力，臣服於生命中的必然性，臣服於所謂我們自己的界限。因此悲劇不在於這個自我不是這個世界裡的東西，不，悲劇在於他沒有意識到自身，沒有意識到他的自我是個有限定的東西，因而是必然的。相反的，他失去他自己，因為這個自我以想像的方式在可能性中反映他自身。即使在鏡中看到**自己**，他還是必然會認出自己，因為如果他認不出自己，那麼他看到的就不是**自己**，而只是個人類。可能性的鏡子不是普通的鏡子，必須極為小心使用，因為在最高的意義下，鏡子並不會透露真相。一個自我在可能性裡的種種樣貌，只是一半的真相；因為在它自身的可能性裡，自我遠遠不及於或僅及於它一半的自己。因此，問題在於這個自我的必然性如何更明確地界定。可能性就像是一個孩子受邀參加一個派對；孩子當下就想要參加，可是現在問題是父母親是否准許，因此，正如這裡的問題在於父母親，必然性才是問題的重點。

在可能性裡，一切都是可能的。因此，在可能性裡，人有種種迷失的可能，但是主要有兩種方式。其一是欲望和願望的形式；其二是憂鬱和想像的形式（希望、害怕或憂懼）。正如傳說和神話所說的，獵人乍見一隻罕見的鳥，當下就追捕牠，因為牠乍看來近在咫尺；可是牠又飛走了，當夜幕低垂，他發現他和同伴走失，在曠野裡迷路了。願望的可能性亦復如是。他並沒有把可能性抓回必然性裡，而是在追逐可能性——到頭來卻找不到回到他自己的路。——而所謂的憂鬱也是殊途同歸。一個人沉醉在憂鬱裡，追逐憂懼的種種可能性之一，最後卻使他遠離了自己，使得他殞滅在憂懼裡，或者說是殞滅在讓他憂心自己會在其中殞滅的事物裡。

---

9 譯注。見：黑格爾《哲學全書》第一部〈邏輯學〉第一四七節：「必然性誠然可以正確地界說為可能性與實在性的統一，但單是這個空洞的說法，便會使得必要性的範疇顯得膚淺，因而不易了解。」中譯見《小邏輯》，賀麟譯，商務印書館（1980）。

β　必然性的絕望在於欠缺可能性

如果說迷失在可能性裡可以比擬為一個孩子在學習發出母音的話，那麼喪失可能性就如同失聲的孩子。必然性就像是單純的子音一樣，要發出子音，必須有可能性。如果欠缺了可能性，如果人的存在到頭來欠缺了可能性，那麼它就陷入絕望，在絕望中，它時時刻刻都欠缺可能性。

大抵上，我們認為人到了一個年紀，總會滿懷著希望，或者說，到了某個時候，某個片刻，他會看到自己的生命充滿（或曾經充滿）希望和可能性。然而這只是里談巷語，並不是真相；所有這些希望和絕望，都還不是真正的希望和絕望。

重點在於：在神那裡，一切都是可能的。[10] 這是永遠為真的，因而在任何片刻也都為真。雖然這已經是老生常談，但是只有當人極一生無可如何之遇，或者如一般人所說的，再也沒有任何機會了，他才會真正做出抉擇。因此，重點在於他是否相信「在神凡事都能」，在於他是否要**信仰**。但是這正是「喪失理智」的公式；所謂的信仰，的確就是為了主恩滿溢而放棄理智。打個比方說。試想有個老是想像怪力亂神的人，腦袋裡滿是嚇人的東西，讓他再也受不了了。可是有一天，那些駭人的事真的發生在他身上。大家會說他肯定會崩潰——而且在絕望中，他的靈魂的絕望奮力爭取獲准絕望，或者你可以說是心平氣和地陷入絕望，爭取他的整個人格准許他絕望，准許他沉溺在絕望當中，因此，他最想詛咒的，莫過於任何阻止他陷入絕望的人或企圖，正如最偉大的詩人曠絕今古的絕妙好辭所說的（《理查二世》第三幕第二場）：

倒你的霉，兄弟，你把我從那美麗的境界領到絕望！[11]

至此，人們會說，拯救是幾乎不可能的事了；然而「在神凡事都能」。這是**信仰**（Troen）的戰役，你可以說是為了可能性而瘋狂奮戰，因為可能性是唯一的拯救。當有人昏倒，我們會要人拿水、古龍水（Eau de Cologne）或是嗅鹽（Hoffmannsdraaber）來；

10 譯注。《馬太福音》19:26：「在神凡事都能。」《路加福音》1:37：「因為出於上帝的話，沒有一句不帶能力的。」

11 譯注。中譯見：莎士比亞《理查二世》，虞爾昌譯，世界書局（1997）。

可是當有人想要絕望，那麼我們會說：趕緊去把可能性找來，可能性是唯一的拯救；一個可能性，讓人恢復呼吸、讓人醒過來；因為沒有了可能性，人就像沒辦法呼吸似的。人們會馳騁想像以創造可能性，但是到頭來，當問題取決於信仰的時候，只有一件事才真的管用：「在神凡事都能」。

戰鬥就是如此持續下去。戰士是否倒下，僅僅取決於他是否找到可能性，也就是說他是否願意**相信**。可是人們會說，他自己明白他早晚會倒下的。這就是信仰的辯證關係。一般而言，一個人只知道某些事不太可能發生在他身上。如果真的臨到頭上，那就是他倒下的時候。有勇無謀的人，一股腦地深入險地，以為裡頭有某種可能性，而如果真的遇到危險了，他就會陷入絕望而倒下。人們會說，**信仰者**看到也明白他自己是如何覆滅的（有鑑於臨到他頭上的事，或者是他的鋌而走險），但是他相信。因此，他並沒有倒下。是否能夠得到奧援，他把這件事交託主，但是他相信「在神凡事都能」，他當然不可能**相信**自己會倒下。他心裡明白在人而言，這是他的覆滅，但是他卻又相信可能性，這就是信仰。於是神也會幫助他，或許是使他免於恐懼，或許正是透過恐懼，就在這時候，出乎意料地、如神蹟一般地、充滿神性地，救助就臨到他。如神蹟一般；因為如果認為只有在一千八百年前，人才會得到神蹟的救助，那未免太迂腐了。一個人是否得到神蹟的幫助，基本上取決於他是否明知道那個幫助是不可能的，心裡卻充滿著理智的熱情，接著則取決於他是否誠實地面對那個真的幫助了他的大能。但是通常人們不會這麼想；他們只會呼天搶地叫道，救助是不可能的了，而不肯動腦筋找尋救助，事後卻又忘恩負義地說謊否認。

對於信仰者而言，可能性是對治絕望的萬無一失的解藥；因為無論任何時刻，「在神凡事都能」。這是因為信仰的強健體質足以消除種種矛盾。這裡的矛盾在於，在人而言，覆滅是確定的事，然而還是有可能性存在。一般來說，健康正是指消除矛盾的能力。例如身體或物理方面，氣流是個矛盾，因為氣流不是冷就是熱，沒有辯證的關係；可是一個健康的身體會消除這個矛盾，因而不會感覺到氣流。信仰也是如此。

欠缺可能性或者是意味著一切都變成必然的，或者是說，對一個人而言，一切都無關緊要了。

決定論者，宿命論者，都是陷入絕望的，作為一個絕望者，他們也失去了自我，因為對他們而言，一切都是必然的。他就像是那個餓死的國王，因為他手上的所有食物都變成金子。[12]人格是由可能性和必然性構成的綜合，它的持存猶如呼吸（Re-spiration），是一呼一吸。決定論者的自我沒辦法呼吸，因為它沒辦法只吸進必然性，後者只會使得人的自我窒息。宿命論者陷入絕望，他失去神，因而也失去他的自我，因為心裡沒有一個神的人，也不會有個自我。但是宿命論者沒有神，或者說他的神是必然性；由於「在神凡事都能」，因此對神而言，一切都是可能的。所以說，宿命論者的敬拜神，最多只是個感嘆詞（Interjektion），它基本上是無聲的，無聲的屈服，他沒辦法禱告。禱告也是個呼吸，可能性之於自我，猶如氧氣之於呼吸。可是正如一個人不能只吸氧氣或氮氣，光是可能性或必然性，都不能決定祈禱者的呼吸。對於祈禱者而言，必須有一個神，一個自我——以及可能性——或者是一個確切意義下的自我和可能性，因為對於神而言，一切都是可能的，或者說，一切都是可能的，這就是神；而唯有一個人的存在遭到搖撼，他才會明白一切都是可能的，並且因而成為靈，只有他才能與神交往。神的意旨是可能的，唯有如此，我才有辦法禱告；如果只有必然性，那麼人也只會和動物一樣沒辦法說話。

而市儈習氣則不然，它基本上也缺少可能性。市儈習氣是不屬靈的；決定論和宿命論都是靈的絕望，但是不屬靈也是絕望。市儈欠缺一切屬靈的規定，完全沉溺在或然率裡，在其中，可能性只能蜷曲在一隅；因此它缺少意識到神的那種可能性。市儈的人總是缺少想像，不管是酒館老闆或是政府官員，他們生活閱歷豐富，知道什麼是可能的，通常會有什麼結果，凡事猶如批郤導窾，迎刃而解。如是，市儈往往會失去他的自我和神。一個人要意識到他的自我和神，就必須憑著想像飛越或然率的瘴氣，擺脫或然率，使得那超級任何足量（quantum satis）的經驗的東西成為可能，因而學會希望和恐懼，或者說學會恐懼和希望。可是市儈的人總是欠缺想像，也不會想到它，對它嗤之以鼻，因此無可救藥。如果有時候人生遭逢絕境，而不是人云亦云的經驗所能解釋的，那麼市儈的人也會陷入絕望，顯然市儈習氣的人一直就是絕望的；他缺少像信仰那樣的可能性，在神的幫助之下拯救自我不至於倒下。

然而，宿命論和決定論有足夠的想像對可能性心生絕望，有足夠的可能性去發現不可能性；市儈習氣則是耽溺於那些老生常談，不管窮通順逆，同樣是陷入絕望當中。宿命

---

12 譯注。見：奧維德《變形記》第十一卷，85-145，呂健忠譯，書林出版（2008）。

論和決定論缺少讓必然性放鬆和緩、或是馴服必然性的可能性，也就是缺少作為緩解劑的可能性。市儈的人也欠缺可能性以作為喚醒那不屬靈的人們的解藥。市儈的人以為他控制了可能性，以為他把這個驚人的彈性困在或然率的陷阱或瘋人院裡，以為他囚禁了可能性；他把可能性關在或然率的牢籠裡到處炫耀，以為自己是它的主人，卻不知道正因為如此，他把自己也囚禁起來，成為不屬靈的奴隸，變成了最可悲的人。因為在可能性裡迷路的人會憑著絕望的冒險精神展翅高飛；覺得一切皆屬必然的人在生活中汲汲營營，陷入絕望；然而市儈習氣的人卻是以不屬靈的方式獲勝。

（B） 在意識的規定下的絕望

絕望的不斷拾級而上，取決於意識的程度，或者和它不斷上升的乘方成正比：意識的程度越高，絕望的強度就越高。這個現象處處可見，尤其是在絕望的強度最高和最低的時候。魔鬼般的絕望（Djævelens Fortvivlelse）是最強烈的絕望，因為魔鬼是純粹的靈，因而是絕對的覺照和透明；在魔鬼裡沒有任何曖昧不清的地方可以作為掩過飾非的藉口，他的絕望因而也是最絕對的執拗。這是絕望的最大值。至於絕望的最小值，（人們一般會說）則是一種天真的狀態，渾然不覺那是一種絕望。當這種無意識的狀態到了最高點，絕望的強度也就到了谷底；我們到底能否稱之為絕望，幾乎成了一種辯證的問題。

a　對於身處絕望當中渾然不覺的絕望，或者說對於擁有一個自我和一個永恆的自我渾然不覺的絕望

這個狀態仍然是個絕望，而且是名副其實的絕望，這正好彰顯了所謂的「真理的頑固」（Sandhedens Rethaveri）。「真理既是真理自身的標準，又是錯誤的標準。」（Veritas est index sui et falsi）[13] 但是人們當然不會尊重這種真理的頑固；正如人們一點都不會把他們和真理的關係視為最高善，他們更不會像蘇格拉底那樣把深陷於錯誤視為最大的不幸；相較於他們的理智，他們的感官往往更受重視。比方說，如果有個人被

13 譯注。見：斯賓諾沙《倫理學》：「正如光明之顯示其自身並顯示黑暗，所以真理既是真理自身的標準，又是錯誤的標準。」中譯見：《倫理學》，賀麟譯，商務印書館（1958）。

認為是幸福的，或者覺得自己很幸福，雖然從真理的角度去看，他是不幸的，他還是一點也不會想要甩脫他的錯誤。相反的，他會惱羞成怒，認為指摘他的人都是他的死敵，認為那是對他幾近於謀殺的侮辱，可以說是謀殺了他的幸福。為什麼？因為他完全受感官和官能的支配，因為他生活在感官的範疇裡，快樂和不快樂，而揮別了靈和真理；因為他太重視感官了，而不敢冒險作為一個靈。不管人再怎麼虛榮自負，他們對自己的看法通常還是很卑下的，也就是說，他們沒辦法想像一個人可以是靈、是絕對者；但是相對地說，他們仍然是驕矜自大的。試想人們居住或建造一棟有地下室、一樓和二樓的房子，每個樓層的住戶都和他們的社會階級對應。現在，如果說所謂的身而為人就如同這棟房子一般，那麼大多數人應該都會遭遇到一個悲傷卻可笑的真相：他們明明住在自己的房子裡，卻寧願住在地下室。每個人都是身心的綜合，也都天生要成為靈；整棟建築就是如此，但是他寧願住在地下室，也就是說，生活在感官的範疇裡。再者，他不只是寧願住在地下室，不，他很喜歡住在那裡，如果有人建議說，反正樓上空著也是空著，而且是他自己的房子，愛住哪裡就住哪裡，不如搬到二樓去，他聽了這個建議，反而會很生氣。

不，不同於蘇格拉底，深陷在錯誤當中，是人們最不害怕的事。我們有太多令人瞠目結舌的例子可以凸顯這個現象。一個思想家建造了一座龐大的建築，一個體系，一個涵攝整個存在的體系，一套世界歷史等等，可是究其個人生活，我們會很詫異地發現一個令人咋舌而發噱的事實：他自己並沒有住在這棟宏偉的、有拱頂的宮殿裡，而是住在旁邊的棚子裡，或者是在狗屋裡，最多只肯住在門房的小屋子裡。只要有人多說兩句，提醒他這個矛盾，他就會勃然大怒。因為只要他有辦法完成整個體系，他就不害怕陷入錯誤，雖然這個體系是由錯誤建構起來的。[14]

因此，陷入絕望的人是否渾然不覺他所處的狀態其實就是絕望，這並沒有什麼差別：他終究還是在絕望當中。如果說絕望是偏離正途（Forvildelse），那麼對於絕望的渾然不覺只是多了一個錯誤（Vildfarelse）。無知和絕望之間的關係，很類似無知和憂懼的關係（見《憂懼之概念》〔*Begrebet Angest* af Vigilius Haufniensis〕）；不屬靈（Aandløsheden）的憂懼正好可見於它不屬靈的安全感。然而正如憂懼潛藏在地底下，

14 譯注。本段影射黑格爾的體系哲學。

絕望也一樣深藏在地底下，當感官幻覺的迷惑停歇，當存在開始搖搖欲墜，潛伏在地底下的絕望就會立刻浮現出來。

相較於意識到絕望的人，對於自己的絕望一無所知的個人，只是一個距離真理和救贖更加遙遠的否定者（Negativt）而已。絕望本身是個否定性（Negativitet），而人們對它的無知則是另一個否定性。可是獲致真理的途中必定會經過這個否定性；因為誠如關於破除魔咒的古老傳說所描述的，整個咒語必須倒過來唸一遍，魔咒才能夠解除。然而只有在一個意義下，在一個全然辯證的意義下，對自己的絕望一無所知的個人，他和真理以及救贖的距離，才會比意識到絕望卻仍然深陷其中的人更加遙遠，因為在另一個意義下，在倫理和辯證的意義下，意識到自己的絕望卻仍然深陷其中的人，距離救贖其實更加遙遠，因為他的絕望要強烈得多。然而無知既不會消除絕望，也不會使絕望變成不絕望，因此它其實是最危險的絕望形式。對自己的絕望一無所知的個人，他會自甘墮落，因而沒有覺醒的風險，也就是說，安穩地托庇在絕望的力量之下。

當一個人對於自己的絕望渾然不覺，他也就完全無法意識到自己是個靈。但是沒辦法意識到自己是個靈，這正好就是絕望，是不屬靈，不管他是過著槁木死灰而有如植物一般的生活，或者是熱情而有活力的生活，潛藏在生活底下的，仍舊是絕望。而在後者的情況下，絕望的個人就像得了肺癆似的：當他病入膏肓的時候，他會迴光反照，以為自己身體還很硬朗，甚至對別人誇耀自己的健康。

這種形式的絕望（對它渾然不覺）在世界上到處可見，的確，我們所謂的世界，或者更確切地說，基督教所謂的世界——基督教世界裡的外邦人和屬血氣的人，從前和現在的外邦人（在基督教世界〔Christenheden〕裡的外邦人正是這種絕望），他們陷入絕望，卻對這個事實一無所知。當然，外邦人和屬血氣的人會區分什麼人絕望，什麼人不絕望——也就是說，他們言下之義是只有某些個人陷入絕望。然而正如外邦人和屬血氣的人區分愛和自戀，彷彿這種愛本質上不是自戀似的，他們的這種區分也是一種誤導。[15]但是除了這種誤導的區分以外，外邦人和屬血氣的人也別無他法，因為對於自己的絕望渾然不覺正是絕望的特徵。

由此可見，關於「不屬靈」的美感（æsthetiske）[16]概念完全無法提供認定絕望與

15 譯注。見：齊克果《愛在流行》，林宏濤譯，商周（2000）。

否的判準，關於這點應該是殆無疑義的；因為如果說真正的靈沒辦法以美感的概念去界定，那麼美感的概念又要如何回答對它而言根本不存在的問題！我們不會愚蠢到要把整個外邦人民族或是個別的外邦人曾經感動過許多詩人的偉大功蹟一筆抹煞，或者是否認外邦人所樹立的在美感上令人驚豔的典範。我們也不會愚蠢到要否認屬血氣的人在外邦人世界裡過著充滿感官享樂的生活，很有品味地利用各種得天獨厚的好處，甚至透過藝術和科學，使他們的享樂更高貴、優雅而有氣質。不，關於「不屬靈」的美感概念完全無法提供認定絕望與否的判準；人們必須採用的是倫理和宗教的判準：也就是靈或者（否定面的）靈的缺乏，也就是不屬靈。每個人的存在（Existens），如果沒有意識到自己是靈，或者沒有意識到自己作為靈而來到神的面前，如果沒有敞開心胸地接受神的安排，而是曖昧不清地混跡或沉浸在某些抽象的共相裡（國家、民族等等），或者是在關於自己的黑暗世界裡，那麼他們只是把自己的存在能力當作種種作用力，而沒有在更深層的意義下意識到它們是從哪裡來的，而在內省時，更把自我視作無法解釋的東西[17]；任何像是這樣的存在，不管它有什麼造就，不管它的造就多麼令人驚豔，不管它是否能夠解釋全體存在，不管它的美感享樂有多麼強烈：這樣的存在仍然是絕望。這就是為什麼古代教父們說外邦人的美德是令人目眩的惡習，[18]他們的意思是說，外邦人的內心是絕望，外邦人沒有意識到自己作為靈而來到神的面前。這也是為什麼外邦人對於自殺這個問題如此輕率（我只是舉個例子，雖然它必須更深入研究），他們甚至歌頌它，而對靈而言，自殺是最嚴重的罪，以這種方式逃避存在，背叛神。外邦人沒有從靈的觀點去定義自我，這就是他們定義「**自**殺」（Selvmord）的方式。可是遇到偷竊、不貞的問題，這些外邦人反倒大驚小怪。他們對於自殺的問題沒有任何觀點可言，他們缺少和神的關係，也缺少和自我的關係。在外邦人眼裡，自殺沒什麼大不了的，任何人想要自殺都隨便他，因為那不關別人的事。在外邦人眼裡，如果說自殺有什麼要防範的，那麼就得先很迂迴地證明自殺牴觸了和他人的義務關係。外邦人完全不知道自殺是褻瀆神的

16 譯注。齊克果在早期作品中區分三種基本的生活方式：美感的（感性的）、倫理的和宗教的。他認為人必須走過這三個階段才能成就真正的宗教生活。「美感的」人只為自己而活，只知道及時享樂，他們是被動的，沒有真正的自由，只追求感官有興趣的東西，一旦厭倦了就會拋開它，最終會感到空虛而痛苦。這裡所謂的「美感的」，指的是迎合感官的需求，因此或譯作「感性的」。

17 譯注。這裡影射康德哲學對於自我和物自身的不可知論。

18 譯注。見：聖奧斯定《天主之城》：「若是人想他修德行，只為自己，而不為其他目的，反而驕傲自大，就不是德行，而是毛病了。」中譯見：《天主之城》，吳宗文譯，台灣商務印書館（1971）。

罪。所以，我們不能說自殺是絕望，因為那是沒頭沒腦的倒果為因[19]；不過我們倒是可以說，外邦人對於自殺的這種看法正是絕望。

然而這其中仍然有些不同，而且是嚴格意義下的外邦人和基督教世界裡的外邦人之間的質的差異：那是浩夫寧西斯（Vigilius Haufniensis）在談到「憂懼」時提醒我們的差異[20]，他說，雖然外邦人缺少靈，但是他們仍然註定要朝著靈的方向前進，但是基督教世界裡的外邦人雖然也缺少靈，卻是和靈漸行漸遠，或者是因為墮落的關係，因而是最嚴格意義下的不屬靈。

b 當絕望意識到自己陷入絕望，因而意識到擁有一個在其中有某個永恆者的自我，然後在絕望中或者不想要做自己、或者想要做自己

當然，我們必須搞清楚，那個意識到自己陷入絕望的人，他對於絕望的觀念是否正確。如此，根據他自己的觀念，他或許可以說他陷入絕望，可是那並不意味著他真的明白絕望是什麼；如果他照著這個觀念思考他的一生，他或許會說：「你的絕望其實比你

想像的要嚴重得多，你的絕望是在更深層的地方。」外邦人正是如此（如前所述），如果他在和其他外邦人做比較、而認為自己陷入絕望，他當然是對的，但是如果他說別人沒有陷入絕望，那麼他就錯了；也就是說，他對於絕望並沒有正確的觀念。

所以說，有意識的絕望一方面必須對絕望有正確的觀念，另一方面，他必須很清楚地洞察自己，如果既清楚地洞察自己而又陷入絕望是有可能的話。完全明白自己陷入絕望是否和陷入絕望相容，也就是說，如此清楚的洞察和自我認知，是否會使人擺脫絕望，他是否因為太害怕自己了，而不再陷於絕望，這不在我們這裡的討論範圍；我們甚至不做任何嘗試，這整個探討以後再說。我們不想窮究這個想法在辯證關係上的極致，而只想說，正如對於絕望是什麼的意識可能有各種程度的差別，對於自己陷入絕望的意識，也有程度上的不同。現實生活太複雜了，我們不能只是指出這類的抽象對比，好比說對於自己的絕望一無所知以及完全意識到自己的絕望。我們必須假定，絕望的人們大

19 譯注。原文作「Hysteron-Proteron」，原意為修辭上的逆序法，或指邏輯關係的前後倒置。

20 譯注。見：齊克果《憂懼之概念》，孟祥森譯，台灣商務印書館（1971）。浩夫寧西斯（Vigilius Haufniensis）是齊克果的託名，意思是「哥本哈根的守衛」。

多只是隱約察覺到自己的絕望狀態，雖然還是有許多細微的差別。他們無疑地多少知道自己陷入絕望；他們可以在內心裡察覺到絕望，正如人們也會察覺到自己的身體有病，只是他們不想承認自己有病。有時候他們幾乎很確定自己陷入絕望，但是有時候他們又覺得這個病症有其他的原因，可能是外在的影響，只要外在因素改變，他們就不再絕望了。或者他們會轉移自己的注意力或是用其他方法，例如工作和事業壓力，以隱匿他的病症，雖然他們不是很清楚他們正在把自己藏在暗處。或者他們很清楚自己正在這麼做，試圖讓靈魂沉浸在黑暗中，透過某種洞察力和準確的計算，透過心理學上的洞見，但是在更深層的意義下，他們其實不是很清楚自己在做什麼，不知道他的行為其實使他很絕望等等。因為即使在黑暗和無知裡，在知識和意志之間還是有著辯證的交互作用，如果只強調知識或是意志，那麼在理解一個人的時候就很容易犯錯。

但是，如前所述，意識的程度越強，絕望就越強烈。當一個人對絕望的觀念越正確，當他在絕望當中越是清楚意識到自己的絕望，他的絕望也就越加痛徹心扉。如果一個人知道自殺是絕望，而且很清楚絕望是什麼，卻還是選擇自殺，相較於既不知道絕望是什麼、也不知道自殺是絕望的自殺者而言，他的絕望要強烈得多；反過來說，對於絕望的觀念越是不正確，他的絕望也就沒有那麼強烈。另一方面，一個選擇自殺的人，他的自我意識越是清楚，相較於靈魂渾渾噩噩的人，他的絕望也更加強烈。

以下我會檢視兩種意識到絕望的形式，指出對於絕望以及自己的陷入絕望的意識程度如何逐級升高，也就是說，對於自我的意識如何升高。但是陷入絕望的對立面正是信仰，因此，前述用以描述完全不會有絕望存在的狀態的公式一點都沒錯，這個公式也適用於信仰：當自我和自身建立關係時，當他願意做自己時，自我就完全透明地接受那定立他的力量的安排（見A：（A））。

α 在絕望中不想做自己，軟弱的絕望

把這個形式叫作軟弱的絕望，其中已經反映了另一種形式（β），也就是在絕望中想要做自己。所以其中種種對立只是有條件的。沒有任何絕望是沒有抗拒（Trods）的；就連前面那句話裡也有抗拒的意味：**不想**做自己。另一方面，再怎麼抗拒絕望，在其中從來都少不了軟弱。所以說，差別只是有條件的。第一種形式是所謂的女性的絕

望，第二種則是男性的絕望。[21]

1 因為塵世或是塵世事物的絕望

這是單純的直接性，或者說是夾雜著量的反省的直接性。這裡沒有對於自我、絕望或是對於絕望的狀態的無限意識；絕望是個被動狀態，承受外在的壓力，它不是來自內心，也不是行動。真要說的話，它其實是無傷大雅的郢書燕說，一個文字遊戲，就像孩子在扮演士兵一樣，諸如「自我」或「絕望」之類的字眼，以直接性的語言，不假思索地脫口而出。

直接性的人（如果說直接性實際上可以不經反省就浮現的話）只能從心理層面去定義，他的自我以及他自己是在俗世和時間的領域裡的東西，和他者（το ετερον）有著直接的相互關係，如果說自我裡頭有什麼永恆的東西，那也只是個假象罷了。因此，自我和「他者」直接地相互依存，它會有願望、意欲、享樂等等，不過只是被動的；在它的意欲裡，這個自我是個間接受格（Dativ），就像是孩子口中的「給我，給我」（mig）。它

21 如果我們用心理學的角度環顧現實世界，應該會證實這個區分，並且證明它涵括了所有現實的絕望；因為談到小孩子的時候，我們不會用他們「絕望」，而只會說他們「壞脾氣」，因為我們只能假設永恆的東西在孩子心裡只是「潛態的」存在，而沒辦法像要求成人（在他們心裡，永恆的東西應該已經存在了）那樣要求孩子。我不否認女人或許也會有男性的絕望，反之，男人也可能會有女性的絕望，不過那都是例外狀態。當然，理想狀態也是很罕見的，只有在理想狀態裡，這個男性和女性的區分才會完全為真。不管女人相較於男人再怎麼柔弱、再怎麼心思細膩，她們既不會有像男人那麼自我中心的自我概念，嚴格說來，也不會像男人那麼博學多聞。相反的，女性的本質是付出和奉獻；如果不是的話，她就不算是擁有女性特質。說也奇怪，也不會有人像女人那麼忸怩作態（這個語詞的確是女人專用的），那麼喜歡挑三揀四，然而女人本質上就是要奉獻，而（說也奇怪）這一切其實正好說明了她們的本質就是奉獻。正因為她們在本質裡承載著女性的完全奉獻，自然才會很慈愛地賦予她們如此敏感的本能，相較之下，男人們最卓爾不群的博學深思都算不了什麼。這種女性的奉獻，正如希臘人所說的，這種諸神賜予的天賦太過珍貴了，豈能盲目地拋棄。然而人的反省再怎麼目光銳利，也沒辦法善加利用。正因為如此，自然特別眷顧女人：她們閉上眼睛跟著本能走，也比最鷹瞵鶚視的反省清楚得多，她們憑著本能看到她們應該讚嘆什麼，應該為什麼東西奉獻自己。奉獻是女人唯一擁有的東西，因此自然也就成了她們的守護者。這就是為什麼女性本質只有在蛻變時才會浮現；當沒完沒了的矜持變容為女性的奉獻時，這個本質就會實現。但是奉獻是女性的本質的這個事實在絕望裡反覆浮現，變成一種絕望。她們在付出時失去了自己，她們唯有這麼做才會感到幸福，這是唯一可以讓她們做自己的方式。沒有付出、沒有奉獻她所有的自我（不管奉獻給什麼）而能感到幸福的女人，她完全不具有女性特質。男人也會奉獻自己（沒辦法這麼做的，則只是個可悲的男人）；可是他的自我不是奉獻（這個奉獻是指女性的奉獻），他也不是透過奉獻以得到他的自我，像女人在另一個意義下所做的；他擁有自己；他會奉獻，但是他的自我是一種對於奉獻的冷靜意識，它遠遠躲在後面。相反的，真正的女人會一頭栽進去，她的自我會整個投入她要奉獻的東西裡。如果那個東西被拿走了，

的辯證關係是：舒服和不舒服；它的概念是：幸運、厄運、命運。

現在，有某個事件「臨到」（tilstøde; at støde-til）這個直接性的自我頭上而使它陷入絕望。那是不得不然的事；因為自我沒有反省，所以使它陷入絕望的，必定是個外在因素，而這個絕望只是被動的。直接性的個人，他的一生，或者如果他還有一點反省的話，應該說他特別執著的一部分人生，「由於命運的打擊」（ved et Slag af Skjebnen）而被剝奪了。簡單地說，或許他會說他交了華蓋運，也就是說，他的直接性遭到無法修復的創傷：他陷入絕望了。或者是在現實生活裡沒有那麼常見的，但是在辯證關係上可以想像的，這個直接性的絕望起因於所謂的過分的幸運，這個時候的直接性極為脆弱，而任何讓他不得不反省的「逾分」（quid nimis）都會使直接性陷入絕望。

於是，他陷入絕望，也就是說，由於一個莫名其妙的翻轉以及對於他自己的徹底神祕化，他把它叫作絕望。但是陷入絕望就是失去永恆的東西，而對於這個損失，他卻隻字不提，他做夢都沒想到。失去塵世的事物不算是絕望，然而這卻是他一直掛在嘴邊的，而且把它叫作絕望。在某個意義下，他說的也對，只不過那不是如他所想像的。他轉了身，而他所說的也必須倒過來理解：他站在那裡，指著一個其實不是絕望的東西，說他陷入絕望，他說的沒錯，絕望正從他身後不知不覺地襲向他。他就像是背對著市議會和法院，指著前方說：「前面就是市議會和法院。」他是對的，它們就在哪裡，他只要一轉身就看到了。他沒有陷入絕望，他錯了，可是當他說他陷入絕望的時候，他還真的說對了。但是他把他的狀態說成絕望，以為自己死了，以為他是他自己的影子。但是他沒有死，你可以說這個人一息尚存。如果一切陡然翻轉，所有外在環境都改變，他的願望都成真，那麼他就會回復生機，直接性再度振作起來，他的生活也會重新開始。然而這是直接性唯一的抗爭手段，它只知道它陷入絕望而昏厥，卻完全不知道絕望是什麼。它陷入絕望而昏厥，宛如死了似的靜靜躺著，像是一個「裝死」的遊戲；直接性就像是某種沒有任何防衛能力的低等動物，只能一聲不響地躺著裝死。

她的自我也會不見，而這就是她的絕望：她不想做自己。男人不會這樣奉獻自己；相反的，另一種絕望形式表現了男性特質：在絕望中想要做自己。

以上就是關於男性的絕望和女性的絕望的說明。可是我要提醒一點，這裡說的不是對神的奉獻，也不是人神關係，那要在第二部才會談到。在人神關係裡，不會有男女之別，對於男人和女人而言，奉獻的都是他們的自我，也唯有透過奉獻才能得到自我。這是不分男女的事，即使女人大抵上都是透過男人和神建立關係的。

然而，如果這個絕望的人後來得到外界的奧援，他就會重獲生命，從上次停下的地方重新開始，以前的他既不是他的自我，也沒有成為自我，只是在直接性的定義下苟延殘喘。在現實生活裡，如果外界的支援沒有到來，那麼情況就往往大不相同。雖然這個人還是活了下來，但是他會說他再也不是以前的他。現在的他多了一點人生閱歷，他知道要多學著別人一點，看看他們怎麼生活，從此與世偃仰。在基督教世界裡，他仍然是個基督徒，每個主日都上教堂，聽牧師講道，的確，他們很了解彼此；他死了；牧師以十塊錢的代價領他上天堂——但是他既不是他的自我，也沒有成為自我。

這種絕望的形式是：在絕望中不想做一個自我；或者等而下之：在絕望中想要做另一個人，做一個新的自我。直接性其實沒有自我可言；它對它自己一無所知，因而也認不得自己，到頭來就耽溺在荒誕不經的事物裡。當直接性陷入絕望，它甚至沒有足夠的自我去盼望或夢想，但願它自己變成以前不曾想像過的那個自我。直接性的人用另一種方式替自己找到出路：他想要變成一個完全不同的人。我們只要觀察一下直接性的人，就不難了解箇中道理：在絕望的時候，沒有人會想要做自己，他們寧可現在變成另一個人。看到這種絕望者，實在很難不發笑，雖然在世人眼裡，他們的確是陷入絕望，卻是如此無知。一般而言，陷入這種絕望的人總是很可笑的。人們想像一個自我（而且除了神以外，世上沒有任何東西像自我那麼永恆），接著又憑空想像自我會變成不同於它自己的一個自我。然而這種絕望者，他唯一的願望就是這個最為荒誕不經的蛻變，甚至耽溺在這個想像裡，以為這種角色轉換就像換一件外套那麼簡單。因為直接性的人對自己一無所知；他差不多就是透過他所穿的大衣去認識自己，只是從外在世界認識到他有個自我，這又是引人發噱的笑話。這是最荒謬的混淆，因為自我和外在事物有霄壤之別。對於直接性的人而言，當所有外在環境都改變，而他仍然陷在絕望裡，那麼他就會接著想：「但願我變成另一個人，或是有個新的自我。」是的，他盼望變成另一個人——你覺得他認識他自己嗎？有一則故事說，一個農夫光著腳到鎮上，賺了大把銀子，足夠他買一雙鞋襪，還有錢可以去買醉。在回家的路上，他不勝酒力而倒在大街上睡著了，一輛馬車經過，車夫對他吆喝，要他滾到路邊去，否則就要輾過他的腿。那個醉醺醺的農夫醒來，低頭看自己的腳，卻不認得那是他自己的腳，因為他穿了鞋襪，於是他說：「儘管輾過去吧，反正那不是我的腳。」直接的人陷入絕望也是如此，當我們如實地想像他的模樣，真的很難不發笑，雖然我用這麼鄙陋的語言去談論自我和絕望，卻一點都不覺得突兀。

假如說，直接性包含了若干反省，那麼絕望也會有些變形。他對自我的意識會多一點，因而也會更加意識到絕望是什麼以及自己的絕望狀態。當這種人說他陷入絕望時，就會有若干意義可言。但是這種絕望基本上還是軟弱的絕望，是被動的；它的形式仍然是：在絕望中不想做自己。

相較於單純的直接性，這其中的進階當下可見，也就是說，絕望不一定是因為人們遭受挫折或打擊才浮現的，透過自己內心的反省，也會引致絕望，在這個情況下，絕望就不只是被動的，也不只是受到外在世界的影響，而在某個程度下具有主動性（Selvvirksomhed），它是一種行動（Handling）。這裡頭有若干反省，因而也會對一個人的自我有若干省思。隨著若干程度的反省，自我也開始學會分辨，注意到自己在本質上迥異於周遭環境、外在世界以及它們對它的影響。不過仍然只是在若干程度下。如果說有若干反省的自我現在要接管整個自我，在整個自我的構成當中，在自我的必然性裡，它多少會遇到困難。因為正如沒有任何人的身體是完美的，也沒有任何自我是完美的。不管那個困難是什麼，總是會讓他裹足不前。或者他會遇到某個事件，在其中，直接性對他的傷害遠甚於反省，或者是他憑著想像認知到直接性可能對他造成的傷害。

於是，他陷入絕望。他的絕望是軟弱的絕望，是自我的被動性，和自負的絕望正好相反。但是憑著他心裡的這個有條件的反省，他再度有別於完全直接的人，他會企圖保護他的自我。他知道放棄自我無異於一種財產交易，而他也不會像直接的人那麼容易被種種挫折或打擊惹火，透過反省，他知道只要不失去自我，再多的損失都不算什麼；他一再地讓步；他有辦法這麼做，然而究竟是為什麼？那是因為在某個程度下，他知道自我有別於外在事物，因為他隱然覺得，在自我裡甚至可能有永恆的東西。不過他的抵抗終究徒勞無功；如果他想克服眼前的困難，就必須和直接性完全決裂，但是他沒有足夠的自我反省或是「倫理的」反省去認識到這點。他沒辦法意識到一個完全和外在世界脫離的自我，這個裼袒裸裎的、抽離的自我（和直接性的那個穿著大衣的自我正好相反），是無限的自我的第一個形式，它也是整個演進的歷程，在其中，一個自我無限地接管了現實的自我，包括它的種種困難和優勢。

於是，他陷入絕望，而他的絕望是：不想做他自己。另一方面，他當然不會有想做另一個人的荒誕念頭。他的反省使他和自我的關係良好。他和自我的關係就像一個人和他的房子的關係一樣（好笑的是，自我和它自己的關係並不像人和他的房子的關係那麼漫不經心），不管是煙味或是其他原因，他或許會討厭他的房子。於是他出門去，但是他沒有搬家，他沒有租一間新房子，仍然設籍在原址，認為問題總有一天會過去。陷入絕望的人也是如此。簡單說，只要困難一直存在，他就不敢放心做自己，他不願意做自己；可是難題終究會過去，或者境況會有所不同，那個悲觀黑暗的可能性到頭來也會被遺忘。直到那個時候，宛如和自己偶遇似的，他才會偶爾回頭看看改變是否發生。只要境況有所不同，他就會回家，「再度做他自己」，如他所說的，然而那只不過意味著他從上次停下來的地方重新開始，他只是在若干程度下的一個自我，並沒有好到哪裡去。

但是如果沒有任何改變，他則會替自己另闢蹊徑。他會完全捨棄向內尋求，而那原本應該是成為自我的真正道路。在更深層的意義下的自我的整個問題，變成他的靈魂深處的一道假門，在門後面什麼也沒有。他接收了他所謂的自我，也就是他的一切能力和天賦，他接收了這一切，不過是向外馳求所謂的「生活」，現實生活、職場生活。他小心翼翼地處理他僅有的反省，擔心這個玩意兒會從心靈深處再度浮現。接著他會想辦法漸漸遺忘它。過了幾年，他幾乎覺得那個東西簡直太荒唐了，尤其是當他和那些抗塵走俗的人們傾蓋論交的時候。真是令人陶醉！宛如小說情節一般，他的婚姻生活幸福，成為一個呼風喚雨的企業家、父親、公民，甚至躋身名流政要。在他家裡，他的僕人都稱呼他「老闆」[22]，在城裡，他算是達官顯要。他的言行舉止都必須符合個人聲望，也就是說，他的一舉一動看起來都必須像個有頭有臉的人物。在基督教世界裡，他是個基督徒（這個意思和在外邦裡的外邦人或是在荷蘭的荷蘭人差不多），一個有教養的基督徒。他經常和人辯論靈魂不滅的問題[23]，而且不只一次問牧師是否有靈魂不滅這種事，人是否真的能夠重新認識自己——他對這個問題當然特別感興趣，因為他沒有「自我」這種東西。

談到這種絕望，難免會有一點嘲諷的意味。可笑之處在於他想要對人說他陷入絕望；而可怕之處，則是他以為自己克服了絕望，這個心態本身正好就是一種絕望。更可笑的是，那些世人稱道的所有人生智慧，數不清的處世格言和諺語，像是「安時處順」、「聽天由命」之類的，在它們背後，其實意味著對於真正的險境、真正的危險的

22 譯注。原文作「Han Selv」（他自己），在丹麥相當於夥計們口中的「老闆」。
23 譯注。這段是在影射當時關於靈魂不滅的問題的論戰。

渾然不覺。而這種倫理上的愚騃則正是令人觳觫不安的地方。

因為塵世以及塵世事物而產生的絕望是最普遍的絕望，尤其是在第二種形式裡，也就是伴隨著量的反省的直接性。越是徹底反省絕望，人們越是看不見它，或者越是在世界裡看不到它。然而這只能證明大多數人的絕望不夠深，而根本無法證明他們不曾陷入絕望。沒有多少人的生活是差堪合乎靈的定義的；也沒有多少人在他們的一生中曾經嘗試過；即使是曾經那麼做過的人，也都一下子就逃開了。他們沒有學會恐懼，搞不清楚什麼是「應然的」，不管他們的人生有什麼遭遇，完全不管。因此他們也受不了在他們眼裡相互矛盾的東西，那些矛盾在世界的反光之下更加令人目眩，關心自己的靈魂、想要成為靈，在世俗的觀點裡，只是在浪費時間，甚至是不負責任的揮霍時間，如果可能的話，應該立法嚴懲，無論如何，世人都應該蔑視和嘲笑這種舉動，認為那是在出賣人性、變態而瘋狂地虛擲光陰。然後，在他們的一生中，總會有個時刻——悲哉，那甚至是他們生命裡最珍貴的時刻——他們會回頭向內心探尋。然後，他們一遇到困難，就會倉皇撤退；對他們而言，這條路宛如通往寸草不生的荒漠——然而「四周卻有著美麗青蔥的牧場」。[24]他們一轉身，馬上就會忘記，忘記他們生命中最珍貴的時光，悲哉，他們覺得那是很幼稚的東西，因而把它拋到腦後了。他們也是基督徒，教牧對他們信誓旦旦說他們將會主恩滿溢。我說過，這種絕望是最普遍的。它的普遍或許可以說明一個很流行的看法，也就是認為絕望是年少輕狂的事，只有年輕人才會感到絕望，審思明辨的成人不會有這種問題。這是個致命的錯誤，它忽略了一個事實（更令人扼腕的是，它忽略的是一個最珍貴的事實，相較於實際發生的事，更是讓人生氣），那就是大多數人們一輩子並沒有走出他們的童年和青春期：也就是夾雜著一點點反省的直接性。不，絕望這種事絕對不是只發生在年輕人身上的，不是人們長大了就會消失的，不是「長大了就會消翳的幻想」，就算有人笨到以為他們真的會長大，這種事還是不會發生在他們身上。相反的，我們看到了太多男人、女人和老人，他們還是像年輕人一樣，心存著種種幼稚的幻想。然而他們忽略了，幻想基本上有兩種形式：希望和回憶。希望是年輕人的幻想，而回憶則是成人的。可是正因為他們活在回憶裡，因而對於幻想有個片面的想像，以為那只是希望的幻想。這是可以理解的。讓成人感到困擾的，不是希望的幻想，

24 譯注。原文為德文：「und rings umher liegt schöne grüne Weide」。語出歌德《浮士德》：「我說，只愛思索的人，猶如一匹著魔的畜牲，卻在枯槁的荒原上四處找尋，不知道四周有著美麗青蔥的牧場。」

而是另一種荒誕的幻想，以為自己心裡不再有任何幻想，居高臨下地睥睨年輕人的幻想。年輕人耽於幻想，盼望著他的一生以及他自己都無法企及的東西。而基於補償心理，成人的幻想往往只是他的青春回憶。當一個年近遲暮的女人回想起她的花樣年華，原本應該早就不再心存幻想的她，卻往往會宛如小女孩一般沉醉在幻想裡，回想從前的歡樂和美麗等等。我們時常聽到年長的人說「我們以前是……」[25]，那有如年輕人對於未來的幻想一般，都是美好的幻想；他們都在說謊或虛構什麼東西。

但是如果以為只有年輕人才會絕望，那則是另一種致命的錯誤。一般說來，那是極為愚蠢的，也顯現他們對於靈是什麼的無知，也搞不清楚人是靈而不只是動物；也就是說，他們以為信仰和智慧是唾手可得的東西，只消過了幾年就會水到渠成，就像牙齒和鬍子會自己長出來一樣。不，不管人可以理所當然地成就什麼，不管會理所當然地長出什麼東西，那都不會是信仰或智慧。其實，從靈的角度看，不管過了多少年，一個人都不會理所當然地成就任何事；這種看法和靈是背道而馳的。相反的，過了許多年，倒是可以理所當然地拋下某些東西。過了許多年，一個人可能會拋棄一點點熱情、感情、想像，一點點他以前擁有的內心世界，理所當然地（因為這些東西也是理所當然地到手的）以世間的蝸角虛名、蠅頭微利去定義他自己的人生智慧。過了幾年，終於苦盡甘來，對於絕望的他而言，這些都是好事；他確信自己（在某個諷刺的意義下，這真的是再確定不過的事了）再也不會感到絕望，再也不會，他對自己保證。但是他仍然陷入絕望，他不屬靈，而且陷入絕望。如果蘇格拉底不是因為知道人是什麼，他怎麼會愛年輕人！

即使過了許多年，一個人真的沒有陷入這種最平淡無奇的絕望，我們也不能因此推論說只有年輕人才會感到絕望。就算他在這幾年來真的有所成長，成熟的他對自己有相當的認知，他還是可能會陷入層次更高的絕望形式。而如果說他在這幾年既沒有成長，也沒有汲汲營營於平凡瑣細的事物，也就是說，雖然他長大成人、也為人父，甚至白髮蒼蒼，卻仍然活脫像個年輕人，保有年輕人的正面特質，那麼他也會像年輕人一樣，很容易對於塵世或塵世的事物感到絕望。

我們當然不妨區分成人的絕望以及年輕人的絕望，但那完全是次要的區別，並不是本質上的。年輕人對於未來的絕望就像是未來式中（in futuro）的現在式，未來裡有些東

25 譯注。原文作拉丁文「fuimus」。語出味吉爾《伊尼亞斯逃亡記》：「我們特洛伊人完了，伊利亞完了，圖塞時代的光榮輝煌也完了。」中譯見：《伊尼亞斯逃亡記》，曹鴻昭譯，聯經（1990）。

西是他不想去應付的，因此他不想做他自己。而成年人對於過去的絕望則是過去式中（in praeterito）的現在式，它不想不斷撤退到過去裡，因為他的絕望沒辦法讓他完全忘卻過去。而這個過去甚至可能是人在悔改時必須嚴加看管的東西。但是如果他真的會悔改，那麼他必定會先是陷入強烈的絕望，絕望透頂，靈的生命才能從底層向上突破。然而就算他感到絕望，卻還是不敢做此決定。於是他躊躇不前，任憑時光流逝——除非在更強烈的絕望裡，他想辦法透過遺忘療癒（hele）過去，他沒有因此變成一個悔改者，反而成了他自己的窩藏者（Haeler）。[26]但是這樣的年輕人的絕望和這樣的成人的絕望基本上是沒什麼兩樣的；他們不會有什麼蛻變，在其中，對於自我裡的永恆事物必須有所突破，如此才能開始奮戰，不是使絕望強化到更高的形式，就是把它導引到信仰。

但是我們至今視為同義的兩個語詞，它們沒有本質上的差別嗎？我說的是塵世（全體性的定義）以及塵世的事物（個殊的）。的確有差別。當心中充滿無限痛苦的自我在想像中因為塵世的事物而感到絕望，這個無限的痛苦就把這個個別的事物變成了全體（in toto）的塵世，也就是說，這個全體性的規定深植於絕望者的心裡，或者說是屬於他的。所謂的塵世或者時間性本身，它們會分解成某物，變成個殊者。人是不可能失去或被剝奪所有塵世的事物的，因為全體性的規定是個思想的規定。自我先是把損失無限提高，接著因為全體（in toto）的塵世而感到絕望。但是一旦這個差別（因為塵世的絕望以及因為塵世的事物的絕望）變成本質性的，那麼對於自我的意識也會有本質性的進展。因此，這個公式，因為塵世的絕望，是下一個絕望形式原先的辯證說法。

2 對於永恆者的絕望或是因為自己的絕望

「因為」（over）塵世或塵世事物的絕望，如果可以說是一種絕望的話，其實也就是「對於」（om）永恆者以及因為自己的絕望，因為後者是所有絕望的公式。[27] 然而

26 譯注。「治療」（hele）音似「隱藏」（haele），齊克果以此暗諷治療只是一種隱匿。

27 所以說，在語言學上，我們可以談到「因為」塵世（over det Jordiske）（起因）而產生的絕望，或是「對於」永恆者（om det Evige）的絕望，可是我們也會說「因為」自己（over sig selv）而產生的絕望，因為後者也是「絕望的起因」的另一個說法，在概念上，絕望本身始終是「對於」（om）永恆者的絕望，但是它也可以是「因為」（over）各種事物而產生的絕望。我們「因為」那個將我們困在絕望當中的東西而感到絕望——因為噩運、塵世、財產的損失等等——但是我們會「對於」那將使我們掙脫絕望的東西感到絕望：永恆者、拯救、我們自己的力量等等。至於自我，這兩種說法都可以：「對於」（om）自己或「因為」（over）自己，因為自我是雙重辯證的。而令人費解的地方，

上述陷入絕望的個人渾然不覺他身後發生了什麼事。他以為他因為塵世事物而感到絕望，也一直對人說他因為什麼東西而感到絕望，然而他其實是對於永恆者感到絕望，因為他太在意塵世事物（尤其甚者，他以為塵世事物就是整個世界，因而把它看得太重），這其實就是對於永恆者的絕望。

這個絕望是往前跨一大步。如果說前面所說的絕望是**在軟弱中**的絕望，那麼現在他就是**因為他的軟弱而感到的絕望**，不過仍然是在本質的規定裡頭：軟弱的絕望有別於抗拒的絕望（β）。因此，那只是有條件的差別，也就是說，前面的形式把軟弱的意識當作它的最後一個意識，而現在意識卻並不到此為止，而擴大到一個新的意識，**對於**他的軟弱的意識。絕望的人知道是軟弱使塵世變得如此重要，知道陷入絕望的其實是他的軟弱。但是他並沒有毅然放下絕望轉向信仰，在神面前對著軟弱卑躬屈膝，他反而堅持自己的絕望，因為他的軟弱而感到絕望。如此一來，他的整個視野就翻轉（omvender）了[28]：現在他對於他的絕望的意識越來越清楚，他知道他對永恆者感到絕望，因為他自己而感到絕望，由於他軟弱到太在意塵世，因而感到絕望，後者現在則成了令他感到絕望的徵兆：他失去了永恆者和他自己。

整個拾級而上的過程如下。**首先**是在對自我的意識裡；因為如果對自我沒有任何想像的話，是不可能對於永恆者感到絕望的，也就是說，他知道在他心中有某個永恆者，或是以前曾經有過。而如果一個人因為自己而感到絕望，他必定也意識到他有個自我；然而他正是因此感到絕望，不是由於塵世或者塵世的事物，而是因為自我而感到絕望。**接著**，對於絕望是什麼，我們有了一個更大的意識，因為所謂的絕望，其實意味著失去永恆者和自己。當然，人也會更加意識到自己的絕望狀態。**然後**，這裡的絕望同樣不是被動的，而是一個行動。因為當自我失去了塵世，因而感到絕望，那就宛如絕望是來自外在世界，雖然它始終是來自自我；但是當自我因為這個絕望而感到絕望，那麼這個新的絕望就是來自自我，既間接而又直接地來自自我，它是個反作用力（Reaktion）[29]，

尤其是對於所有層次比較低的絕望以及幾乎所有絕望的人而言，在於他痛苦而清楚地看到且明白他「因為」什麼而感到絕望，卻不知道他「對於」（om）什麼感到絕望。這個翻轉（Omvendelse）一直是療癒的條件，而這個吹毛求疵的問題也只會出現在哲學裡：也就是說，一個陷入絕望的人是否可能完全意識到他「對於」什麼感到絕望。（譯按：齊克果在這裡影射了「om」和「Omvendelse」的關係，後者除了「翻轉」的意思以外，還有「悔罪」和「皈依」、「改宗」的意思。）

28 譯注。「omvender」（翻轉）也有改宗、皈依和悔改的意思。

29 譯注。原文此處作德文「Reaktion」。

因而不同於直接出自自我的抗拒。**最後**我們還會往前跨一步，雖然是在另一個意義下。正因為這個絕望更加強烈了，它在某個意義下也更接近救恩。這樣的絕望會很難忘，它太錐心泣血了；但是只要絕望保持開放，也就會有救恩的可能。

不過，這種絕望仍然是歸因於以下的形式：在絕望中不想做自己。就像是一個父親剝奪他兒子的繼承權，越來越軟弱的自我也不願意承認它自己。感到絕望的它忘不了這個軟弱，它對自己多少心懷怨懟，它不願意在信仰裡對著軟弱卑躬屈膝以贏回它自己，不，感到絕望的它完全不想聽到關於它自己的任何一句話，也不想和它自己牽扯不清。然而遺忘終究於事無補，它也沒辦法憑著遺忘托庇在不屬靈的規定底下，像其他人和其他基督徒那樣做個人和基督徒；不，自我太過自我了，這點它做不到。那往往像是一個父親剝奪他兒子的繼承權一樣：外在的事實沒有什麼幫助，他沒辦法不認他的兒子，至少在他的思想裡沒辦法。就像一個戀人詛咒他怨恨的人（也就是他心愛的人），那其實於事無補，反而讓他越陷越深——感到絕望的自我也是如此。

相較於前述的絕望，這個絕望在質的方面更加深層，它在世間也很罕見。前文提到的那道在後面什麼也沒有的假門，在這裡則變成了一道真正的門，卻是大門深鎖，在門後坐著自我，它凝視著自己，整天想著不要做自己，卻又太過自我了，因而很自戀。這就是人們所謂的**封閉內斂**（Indesluttethed）。接著我們就要探討一下這種封閉內斂，它和直接性正好相反，而且在心裡是對後者嗤之以鼻的。

然而現實生活裡沒有這種自我嗎？他是否逃避現實，隱遁到曠野、修院、瘋人院去了？他難道不是個真實的人，穿著和常人無異的大衣？當然，為什麼不呢？但是他從來不對人透露他的自我，不對任何人類心靈訴說；他不是沒有這種渴望，就是學會了壓抑。我們聽聽他怎麼說這種事：「他們終究只是完全直接的人，就屬靈的規定而言，他們差不多只是初生階段的嬰兒而已，什麼事都口沒遮攔而不以為意——只有完全直接的人才會什麼事都藏不住。這種直接性總是大言不慚地說自己是『真實的』，要人誠實，說誠實語，就像口嫌體正直的成人，你可以說他講的是真也是假的。當然，任何有一點點反省的自我，都會知道什麼叫作自我約束！」而我們這些封閉內斂的絕望者，他們不會對任何不相干的人（幾乎就是任何人）透露關於自我的任何事，雖然外表上完全是個「真實的人」。他可以是個大學畢業生、為人夫為人父，甚至是個戮力從公的官員，值得尊敬的父親，與人為善，善待他的妻子，悉心照顧他的孩子們。那麼他是不是個基督徒呢?好吧,他多少算是,不過他寧可避而不談,雖然樂見他的妻子為了修身養性而熱中於宗教事務。他很少上教堂,因為他覺得大多數牧師都不知道自己在說什麼。他會認為某個牧師是個例外,他承認那個牧師知道自己在說什麼。可是基於另一個理由,他還是不願意聽那個牧師說話,他害怕那個牧師會讓他太沉迷了。另一方面,他不時會渴望獨處,對他來說,那是生活必需品,就像是呼吸或睡眠一樣。他比大多數人都更需要這個生活必需品,這也意味著他的個性更深沉。大抵上,渴望獨處意味著一個人心裡終究有靈的存在,也可以據以審酌那是怎麼樣的靈。「搖唇鼓舌的販夫走卒」不會覺得需要獨處,他們就像愛情鳥一樣,一落單了就會死掉。小孩子要媽媽哄才能入睡,這些群眾也渴望社交生活的催眠曲的安撫,他們才能吃飯、喝酒、睡覺、禱告、戀愛等等。在古代,甚至是中世紀,人們都意識到對於獨處的渴望,也都很敬重其意義;在我們生張熟魏的時代裡,人們(唉,真是極大的諷刺!)對於孤獨避之唯恐不及,而只知道把它當作對於罪犯的懲罰。可是事實就是如此。在我們的時代裡,擁有靈是個罪,所以孤獨的愛好者也就理所當然地被歸類為罪犯了。

封閉內斂的絕望者一個鐘頭又一個鐘頭地(horis successivis)活下去,在那幾個鐘頭裡，即使不是為了永恆者而活，也都和永恆者有關，也熱中於和自我的關係，然而也僅止於此。[30] 當對於孤獨的渴望得到滿足了——甚至是當他和太太孩子和樂融融的當時——他就會走出去。他之所以是個溫柔體貼的丈夫、細心呵護孩子的父親，撇開他的善良和責任感不說，還有另一個原因，那就是在內心深處為了他的軟弱而向自己告解。

如果有人能夠了解他的封閉內斂，如果有人試著對他說「這其實是驕傲，你其實是為你的自我感到驕傲」，他或許就不會找別人告解了。如果他再度獨處，他應該會承認那個人說的多少有點道理，但是他的自我熱切地想要解釋他的軟弱，因而使他遽下斷論說那不可能是什麼驕傲，因為使他感到絕望的，正是他的軟弱——彷彿他不是因為太驕傲了，才會對自己的軟弱那麼念念不忘，彷彿不是因為對自我感到驕傲，才會受不了意識到自己的軟弱。——如果有人對他說「這是個很奇怪的糾葛，很奇怪的心結；因為整個不幸其實都是你自己想不開而已；不然的話，那其實是很正常的事，這正是你該走的路，你必須走過這個對自我的絕望，才能找到自我。你對於軟弱的看法完全正確，但是

30 譯注。見：齊克果《一個作者的觀點》，孟祥森譯，水牛（1968）。

你不必**因為**它而感到絕望；自我必須被打破，它才成為自己，所以你別再絕望了」，如果有人對他這麼說，那麼他或許會平心靜氣地理解它，可是當他再度心焦如焚，他還是會受到動搖，因而誤入歧途——陷入絕望。

如前所述，這種絕望在世間很罕見。如果這個絕望立刻往前走而不在原地逡巡，而另一方面，絕望者也沒有遭逢巨大的轉折而走上信仰的道路，那麼這種絕望或者會自乘為更高形式的絕望，而始終孤僻地把自己關在自己的世界裡，或者絕望會破繭而出，打破絕望者一輩子隱姓埋名（incognito）生活在其中的外在偽裝。如果是後者，這樣的絕望者會投身到外在世界的生活裡，馳求各種偉大的事業，他會變成躁動不安的靈，奔軼絕塵，一刻也不停歇，一個意欲忘記一切的躁動不安的靈，而當他受不了內心的喧擾時，就必須下重藥，雖然不像理查三世為了不想聽到他母親的咒罵而採用的那種方法。[31] 或者他會耽溺於感官以尋求遺忘，或許會放浪形骸；陷入絕望的他想要回到直接性裡，可是他又不斷意識到那個他不願意做的自我。而如果是前者，當絕望拾級而上，它就變成抗拒，而越加彰顯軟弱這個東西的虛妄不實；而我們更可以從辯證的觀點說，抗拒的第一個表現，就是因為自己的軟弱而感到的絕望。

不過，讓我們在下結論前再談一下那個沉默寡言地不停前進的封閉內斂的人。如果這個內斂真的在「所有方向都完全」（omnibus numeris absoluta）封閉起來，那麼自殺就很可能是下一個臨到他的危險。當然，人們多半不知道這種封閉內斂的人耐受度有多麼強，如果他們知道了，應該會很吃驚。因此，完全封閉的人，他所面對的危險就是自殺。另一方面，如果他向人傾訴，就算只對一個人開啟心窗，即使他很可能會覺得洩氣失望，他的封閉還是不會導致自殺。有個人可以傾訴的封閉，要比完全封閉的封閉溫和多了。他有可能逃過自殺一劫。不過，如果他對他人開啟心窗，可能會因此感到絕望；他或許寧可保持沉默，也不要有個傾聽者。世上有許多封閉內斂的人，他們之所以感到絕望，正是因為有個傾聽者。於是他們還是走上自殺的路。在小說裡也會有知道祕密的人遇害的悲慘情節（從詩學的角度去看，情節的主角多半是國王或是皇帝）。我們不妨想像一個暴君，他渴望對人傾訴他的痛苦，結果卻是他們一個接一個遇害，因為知道祕密的人的下場就是死亡；只要暴君對誰吐露心事，那個人就難逃一死。作家就是要表現

31 譯注。莎士比亞《理查三世》第四幕第四場：「喇叭手們，把喇叭盛吹！鼓手們，使戰鼓雷鳴！不要讓上天聽到這惡舌的婦人們對於他所指派的國王的謾罵吧！」

在殘暴的人心裡痛苦的自我矛盾，他既不能沒有知己，也不能有知己。

β 在絕望中想要做自己的絕望：抗拒

如果在「α」一節裡所說的絕望或許可以叫作「女性的絕望」，那麼這裡的絕望或許可以叫作男性的絕望。相較於前面的絕望，它也是在靈的定義下的絕望。然而這也就意味著男性是屬於靈的定義，而女性則是層次比較低的綜合。

在「α2」節裡描述的絕望，是因為自己的軟弱而產生的絕望，絕望者不想做自己。可是我們只要在辯證關係上再往前走一步，那麼陷入這種絕望的人終究會意識到他為什麼不想做自己。如此一來，整個境況就會翻轉，我們會看到抗拒，因為陷入絕望中的他現在想要做自己了。

人先是因為塵世以及塵世事物而感到絕望，接著是因為自己而對於永恆者感到絕望。接著就出現了抗拒，它其實是透過永恆者而產生的絕望，在絕望中對於在自我裡的永恆者的濫用，想要在絕望中做自己。然而正因為抗拒是透過永恆者而產生的絕望，它在某個意義下也相當接近真理。作為走向信仰的通道，絕望是透過永恆者產生的；透過永恆者，自我才有勇氣失去自己以贏得自己；但是在這裡，自我不想從失去自己開始，相反的，它想要做自己。

在這個絕望的形式裡，對於自我的意識更上層樓，也就是更加意識到絕望是什麼，也更清楚自己所處的狀態就是絕望的狀態。這裡的絕望意識到它自己是個「作工」（Gjerning）；它不是在面對外在壓力時、以被動的形式來自外在世界，而是直接來自自我。而這也證明了，相較於因為自己的軟弱而感到的絕望，抗拒的確是個新能力。

如果想要在絕望中做自己，就必須意識到一個無限的自我。然而，這個無限的自我其實只是自我最抽象的形式，是自我最抽象的可能性。[32]而絕望者就是想要做這個自我，他讓自我切斷和原本定立它的那個大能者的任何關係，或者切斷任何認為那個大能者存在的念頭。透過這個無限的形式，自我想要支配它自己，或者說造就它自己，把這

32 譯注。這裡影射費希特的自我哲學（**Ich-Philosophie**）：全知識學的第一個原則是同一律（A=A），也就是自我=自我；「自我源初地且絕對地定立自己的存在」，是無限的自我，也就是「我在」（**Ich bin**）；它相對的也是抽象的存在。而前述的「作工」（**Gjerning**），在費希特的哲學裡，則是指自我定立的行動的結果。

個自我打造成他想要的自我，決定他具體的人生裡想要什麼，不想要什麼。他的具體人生，或者說他的具體性，的確有必然性和界限，後者是很明確的東西，有這些能力、稟賦等等，在這些具體的關係等等裡面。可是透過無限的形式，也就是否定的自我，他首先要改造這一切，藉以從中得到他想要的自我，透過否定的自我的無限形式打造出來——然後他就會想要做自己了。也就是說，他想比其他人搶先一步開始，這個「開始」不是指「開端」，而是「起初」。[33]他不想披上他的自我，不想在既有的自我裡看見他的既定任務，因為他是這個無限形式，他想憑著一己之力打造它。

如果說這種形式的絕望有個通稱的話，我們可以把它叫作「斯多噶主義」，不過不是專指這個學派。為了更仔細探討這種絕望，我們最好區分一下主動的自我和被動的自我，並且闡明自我在主動的時候和它自身的關係，以及在被動或者作為承受者的時候和它自身的關係，因此其說法始終是：在絕望中想要做自己。

如果感到絕望的自我是**主動的**，那麼它和自身的關係就其實只是虛構的（experimenterende）[34]，不管它怎麼做，不管成果有多麼偉大、令人訝異、多麼長久。它不承認任何支配它的力量；因此它基本上缺少「認真」（Alvor）這個東西，只能假裝認真的模樣，即使它想像的虛構再怎麼引人矚目。這種認真是捏造出來的。就像普羅米修斯（Prometheus）從諸神那裡偷走火，它也從神那裡偷走了「神注意到每個人」的想法（也就是認真）；相反的，陷入絕望的自我只想注意到它自己，一心一意專注在它自己的事業，正因為如此，它的所作所為只是想像的虛構而已。因為就算感到絕望的自我沒有變成一個虛構的神，這個衍生的（afledet）自我也沒辦法因為只注意它自己就使它多過原本的自己；它自始至終都是它自己，就算它不斷自我複製，它不多不少還是那個自我。由於自我絕望地努力做它自己，結果卻適得其反，其實它變成不是自我。在它的整個主動的辯證過程中，沒有任何東西是堅定不變的：自我沒有任何一刻是堅定不變的，也就是說，永遠堅定不變的。自我的否定形式同時行使釋放和捆綁的權柄[35]；它在任何時刻都可以恣意地重新來過，但是無論它多麼即知即行，整個行動仍舊是框限在一個

33 譯注。「開端」影射德國觀念論熱中探討的「開端」（Anfang）問題；而「起初」則是聖經的第一句話。

34 譯注。原文作「實驗」，指的是「想像的虛構」。

35 譯注。《馬太福音》16:19：「我要把天國的鑰匙給你，凡你在地上所捆綁的，在天上也要捆綁；凡你在地上所釋放的，在天上也要釋放。」

假設裡面。自我沒辦法循序漸進地做自己，相反的，它會漸漸明白，它只是個假設性的自我。自我是它自己的主人，（有人說它是）自己絕對的主人；而這正是絕望，它卻視之為它的樂趣和喜悅。但是只要進一步審視就不難看出，這個絕對的統治者是個沒有國家的國王，他其實沒有統治任何東西；他的地位、他的王國、他的主權，都必須向一個辯證關係低頭，也就是說，不管任何時刻，叛變都是正當的。到頭來，後者也是恣意地奠基於自我本身。

因此，絕望的自我永遠都只是在建造空中樓閣，也只是不斷和想像的敵人作戰。這些虛構的美德看起來燦爛奪目；它們有如東方國家的詩篇一般曇花一現；所謂的自律、沉著、不動心（Ataraxi）[36]等等，莫不近乎童話。是的，他們的確信守奉行，但是究其極卻是一場空。絕望的自我想要品嘗那種滿足的滋味，把自己打造成自己，開展它自己，做它自己；它想要享受那如大師一般的、如詩如畫的計畫的榮耀，陶醉在它對自己的理解當中。但是它所理解的自己終究還是個謎團；即使是在整個大樓就要竣工的當下，它也可能恣意地把整個計畫化為烏有。

如果說感到絕望的自我是**被動的**，這個絕望仍然是在絕望中想要做自己。或許，在絕望中想要做自己的那個虛構的自我，會暫時過著具體的生活，卻遭遇到種種困難，諸如基督徒所謂的十字架、基型損害（Grund-Skade）等等，不管它叫什麼。這個否定的自我，自我的無限形式，或許一開始會想要擺脫那些困難，假裝它們不存在，不想和它們糾纏不清。不過那是行不通的，他向壁虛造的本事還力有未逮，更不用說它的抽離能力。就像普羅米修斯一樣，無限的自我也覺得自己被釘在這個苦役（Servitut）上。因此，這是個被動的自我。那麼，在絕望中想要做自己的那個絕望又是如何顯現的？

你們瞧，先前闡述的絕望形式，是因為塵世以及塵世事物而產生的絕望，究其極，那其實是對於永恆者的絕望，也就是不願意接受永恆者的安慰和療癒，他太過看重塵世，使得永恆者無從安慰他。但是對於擺脫塵世困境——俗世的十字架——的可能性不願抱任何期望，這也是一種絕望的形式。這是在絕望中想要做自己的絕望者不想做的事。他說服自己說，這根「肉中刺」[37]（不管是真的有這根刺，或者是由於他的受苦而

36 譯注。「不動心」（ataraxi，希臘文為「ataraxia」）或「安寧」，最早是由皮羅（Pyrrho）提出的：「最高的善就是不作任何判斷，隨著這種態度而來的便是靈魂的安寧。」不動心也是斯多噶學派和伊比鳩魯學派共同的倫理理想，指心靈能夠恬淡無欲，克己自律，不受激情的影響，外界的一切皆不足以動亂其心。

幻想它的存在）扎得如此之深，使得他無法抽離[38]，宛如是他想永遠佔有它的。它使他心神不寧，或者更好說是它使他有理由抱怨世間的一切；儘管如此，他執意要做自己，不管有沒有那根刺，他都要做自己（那意味著他要拔掉它，可是他做不到，或者說那會是漸漸地認命）。不，他要抗拒整個存在，或者說在抗拒中和整個存在作對，身上扎著那根刺，執意要做他自己，頑強地嘲笑他的痛楚。他不期望救援，特別是「在神凡事都能」這個荒謬的說法——不，他不要。他也不要別人伸出援手——不，無論如何他都不要；真要他做選擇的話，他寧可忍受地獄般的煎熬，也不要任何援助。

人們往往有個似是而非的說法：「只要有人願意伸出援手，有困難的人怎麼會不想接受？」這個說法大錯特錯，雖然其反例沒有像上述的絕望境況那麼極端。事實上，受苦的人總是多少會希望得到援助。如果有人願意伸出援手，他會樂於接受。但是如果接受幫助變成一個嚴肅的問題，尤其是來自更高者或是至高者的拯救，那麼接受幫助就成了一種羞辱，在「凡事都能」的「救主」手裡變得什麼也不是，或者是必須聽任他人擺布，或者說，只要人開口求援，就再也不能做自己了。悲哉！對於自我而言，任何無止盡的艱難煎熬，和這個痛苦比起來，都不算什麼，因此它寧可選擇種種生命的坎陷，至少還可以保留做自己的權利。

但是在絕望中想要做自己的受難者意識越清楚，他的絕望也會不斷自乘而變成魔鬼般（Dæmoniske）的絕望。它往往是這麼開始的：一個在絕望中想要做自己的自我，遭受到無法從他的具體自我中拿走或擺脫掉的痛苦。於是他對這個折磨痛深惡絕，變成一種魔鬼般的怨懟。如果天國裡的神和天使這時候對他伸出援手，要讓他脫離這苦難，他反而會拒絕，現在一切都太晚了。他原本願意捨棄一切以擺脫這個痛苦，但是他選擇了

---

37 譯注。齊克果往往以「肉中刺」自況，它使他自絕於人群：「從最早的童年時期開始，悲傷的尖刺便留在我心裡。只要它在那裡，我就變得譏諷——但若拔掉這根刺，我會死。」「這可悲的畸形與其附帶的痛苦……被我視為肉中刺，我的限制，我的十字架。」中譯見：《齊克果日記》，吳書榆譯，商周（2016）。「肉中刺」的典故出自《哥林多後書》12:7：「又恐怕我因所得的啟示甚大，就過於自高，所以有一根刺（skolops）加在我肉體上，就是撒但的差役要攻擊我，免得我過於自高。」在基督教裡，這根刺的病因是遭到教會的疑心，是心裡的傲慢。

38 再者，就這個觀點而言，我們也不要忽略到，世人推崇的「聽天由命」其實也是一種絕望：在絕望中做個抽象的自我，或是在絕望中想要無入而不自得，據此抵抗或忽視塵世和人間的痛苦。聽天由命的辯證關係基本上是：在絕望中既想要做永恆的自我，接著由於個人遭遇到某個東西而不再想要做自己，安慰自己說這種東西終究會消失在永恆裡，因而在人間不接受它也不算什麼。雖然自我因為它感到痛苦，但是自我不承認那個東西是自我的一部分，也就是說，自我不願意在信仰裡對著痛苦低聲下氣。所以說，作為一種絕望的「聽天由命」，基本上不同於在絕望中不想做自己，因為他在絕望中還是想要做自己，撇開某一種東西不說，因為它會讓他在絕望中不想做自己。

等待，而現在一切都過去了；他現在變得怨天尤人，覺得整個世界和存在都虧欠他，緊抱著這個怨懟不放，誰都不能拿走它——否則他就沒辦法說服別人或他自己說他是對的。他滿腦子這個想法，以致於基於一個很奇怪的理由，使得他對於永恆避之唯恐不及：他擔心永恆會剝奪了使他比其他人優越（就魔鬼的觀點而言）的東西，使他有權做自己（就魔鬼的觀點而言）的東西。——他要做的是他自己；他從自我的無限抽象化開始，現在的他終於變得如此具體，而沒辦法在那個意義下成為永恆，可是他又想在絕望中做他自己。悲哉！魔鬼般的瘋狂；只要一想到永恆會動搖他的心志，奪走他的不幸，他就感到忿忿不平。

這種絕望在世間很罕見，這種形式往往只會在詩人心裡浮現，他們總是為其創作賦予這種「神靈般」的理想性，在真正的詩人那裡，「神靈」一詞指的是古希臘時代的意思。[39]然而，這種絕望也會發生在現實生活裡。那麼和它對應的外在表徵是什麼？呃，並沒有「對應」的外在表徵，因為和封閉內斂對應的外在表徵本身就是個矛盾的概念。如果它有對應的外在表徵，那就意味著它敞開心扉了。但是這裡的外在表徵是無關緊要的，這個封閉內斂，或者可以說是大門深鎖的內心世界，是它最關注的對象。層次最低的絕望形式其實無所謂內心世界，也沒什麼好訴說的。層次最低的絕望形式只能透過訴說其外在表徵去表現。但是當絕望越是屬靈，它的內心深處就越加變成封閉內斂的隔離世界，也和絕望藏身其中的外在表徵越加無關。但是正因為絕望越加屬靈，它就更加以魔鬼般的狡黠把絕望封閉起來，也對種種外在表徵越加冷淡，盡可能讓它們變得無意義或是無關緊要。絕望宛如童話裡的山妖，躲在無人知曉的岩縫裡，誰也看不見。絕望越是屬靈，它越是渴望藏身在沒有人想要挖掘的外在表徵裡。這個隱蔽性正是屬靈的，也是個預防措施，好讓它在現實世界裡有個藏身之處（Indelukke），一個它獨有的（外於一切的）（udelukkende）世界[40]，在其中，絕望的自我焦躁不安而心癢難耐地想要做自己。

我們在一開始（α 1）探討了層次最低的絕望形式，也就是在絕望中不想要做自己。魔鬼般的絕望是層次最高的絕望形式，在絕望中想要做自己。它想要做的自己甚至

39 譯注。古代希臘的「daimonion」（神靈，或音譯為代蒙），原本是定義不明確的神，後來演變為守護神或個人內在的聲音，或者是死者的靈魂，或者是半神，是介於人神之間的存有者，並沒有道德善惡的意含，它在基督教化以後才被貶為惡魔的。見葛哈德．貝林格《神話學辭典》，林宏濤譯，商周（2006）。相反的，齊克果的「魔鬼般的絕望」則是指「抗拒信仰的絕望」，見：《憂懼之概念》。

40 譯注。「藏身之處」（Indelukke）中的「inde」是「裡面」的意思，而「獨有的」（udelukkende）中的「ude」則是「外面」，齊克果在這裡玩了個文字遊戲。

不是斯多噶主義那種自戀和驕矜自持，那無疑是虛偽不實的，在某個意義下，它想要聽從它自己的完美理想；不，它不想在對於存在的厭惡中做自己，它不想在困苦中做自己；它甚至不想在抗拒中或是頑固地做自己，它只想不顧一切地做自己；它甚至不想在抗拒中脫離那定立它的大能者，它要不顧一切地要求後者接受它，對那大能者不斷發牢騷，惡意地糾纏不清。想當然耳，這個惡意的抗議也會緊抓著它抗議的對象不放。它反抗所有存在，覺得自己掌握了控訴它以及它的善的證據。絕望的人覺得自己就是人證，這就是他想要做的，因此他要做自己，在痛苦中做自己，在困境中對所有存在提告。就像軟弱的絕望者不想聽到永恆者給他的任何慰藉，這裡的絕望者也不想聽，不過是基於另一個理由：這個慰藉將會意味著他的毀滅——他將會不得不放棄對整個存在的抗議。好比說，一個作家犯了個筆誤，而這個筆誤意識到它自己是個錯誤——或許那不是什麼錯誤，從更高的觀點看，那也可能是整個創作不可或缺的部分。又好比說現在這個筆誤要背叛那個作家，由於對他的怨恨而不讓他更正錯誤，瘋狂地挑戰他說：「不，我不要被刪掉，我要站出來作證指控你，證明你是個二流作家。」

第二部
絶望是罪

A

絕望是罪

罪（Synd）是：**在神面前或是心裡想著神而在絕望中不想做自己，或是在絕望中想要做自己**。因此罪是不斷自乘的軟弱或是不斷自乘的抗拒：罪是絕望的自乘。這裡要強調的是**在神面前**，或者是心裡想著神；因為心裡想著神，使得罪在辯證關係、倫理和宗教上變成法律人所謂「加重的」（qvalificeret）絕望。

雖然在本書第二部沒有空間和地方做心理學的描述，尤其是本章，不過於此還是必須提一下絕望和罪最辯證性的分野（Confinium），以及所謂近乎宗教的詩人存在狀態（Digter-Existents），這種存在狀態有點類似聽天由命的絕望，只不過前者心裡是想著神的。這種詩人存在的狀態，就其範疇的「合點」（Conjuktion）[1]和位置而言，它會是最突出的詩人存在的狀態。就基督徒的觀點而言，任何詩人存在的狀態（雖然都是美感的生活）都是罪：那是僅僅埋首寫作卻不曾真實存在的罪，這個罪是只知道要想像善和真理卻沒有身體力行，或者說是在存在上（existentielt）努力成就它們。這裡所說的詩人存在狀態不同於在絕望中心裡想著神或是在神面前的詩人存在狀態，但它卻是極為辯證的，而且由於它隱隱然意識到它的罪，因而宛如身處於伸手不見五指的辯證迷霧裡[2]。那樣的詩人可能有相當深邃的宗教渴望，而且會在絕望中心裡想著神。他愛神甚於一切，神是他內心深處的苦悶唯一的慰藉，然而他愛這個苦悶，始終不肯放手。他很想要在神面前做自己，除了讓自我受苦的定點（faste Punkt）以外；在那個定點上，他在絕望中不想做自己。他希望永恆可以拿走它，而在這個世間，不管他感到多麼絕望，他都沒辦法下定決心在信仰裡對它低聲下氣。可是他始終和神保持著關係，那是他唯一的救恩；對他而言，沒有了神是最難以忍受的事，「他會因而陷入絕望」，然而事實上，他在寫作時會不自覺地對神有一點扭曲，讓人以為神更像一個對孩子們的願望百依百順的慈父。就像失戀的人變成了詩人，終日歌頌愛情的美好，他也成了虔誠的詩人；滿懷宗教情操的他感到很悲傷，隱約覺得他被要求放棄這個痛苦，也就是在信仰中對著痛苦卑躬屈膝，把它當作自我的一部分而承擔它——因為他原本要把這個痛苦拒於門外，卻反而抓著它不放，雖然他以為這麼做可以擺脫它、放下它，在人力可及的範圍之下（就像絕望的人的每一句話一樣，真相剛好和它相反，而我們也必須反過來理解它）。但是在

1 譯注。齊克果用了一個天文學名詞；行星與地球分別在其公轉軌道上運行，當行星、地球及太陽成一直線時叫「合」或「衝」。

2 譯注。迷霧（Virvar），丹麥文原義是「一團混亂」，是源自德文（Wirrwarr）的外來語。

信仰裡承擔它，但這是他做不到的，或者說他不願意做，或者是他的自我到了這裡就不辨東西了。然而就像歌頌愛情的詩人一樣，這個詩人對於宗教情操的描寫令人心醉神馳，其逸興遄飛的情致遠非已婚男子或是神父的敘述所能及。而他所說的也不盡不實，正好相反；他只是訴說他的更歡喜的、更美好的我。在和宗教情操的關係裡，他是個悒悒不樂的戀人，也就是說，在嚴格的意義下，他不是個信徒；他只是具備了宣發初願的條件：絕望，以及在絕望中對於宗教情操的熾熱渴望。他內心的掙扎其實是：他是否真的蒙召？「肉中刺」是否意味著他有不同於凡人的用途？在神面前真的可以像他這樣做個不平凡的人嗎？或者他必須對著它低聲下氣的那根肉中刺，只是為了讓他成就一般的人性？夠了，到此為止。說真的，我只是想問：我在跟誰說話？誰會在意這些N次方的心理學研究？那些牧師們畫的紐倫堡木板畫[3]反倒是老嫗能解，它們擬似浮世眾生，讓人誤以為那就是大多數人們的真實面目，可是在屬靈的觀點下，那其實是完全虛無的東西。

第一節　對於自我的意識的各個階段（其定義為：在神面前）

本書第一部指出了對於自我的意識拾級而上的各個階段。人一開始對於擁有永恆的自我這件事渾然不覺（C、（B）、a），接著是明白了自我裡有某個永恆的東西（C、（B）、b），而在這其中又有幾個階段（α、1、2、β）。現在整個研究必須有個新的辯證轉向。其要旨如下。我們至今探討的意識的進展都是在一個定義底下：人的自我，或是以人為尺度（Maalestok）的自我。但是現在這個自我，由於它是個面對著神的自我，因而有個新的性質和資格。這個自我不再只是人的自我，而是我所謂神學上的自我（希望這個語詞不會招致誤解），面對著神的自我。而當這個自我意識到它在神的面前，意識到它是個以神為尺度的人的意識，它會得到一個無限的實在性。

3 譯注。西元一三〇〇至一五五〇年期間，紐倫堡盛行哥德時期和文藝復興時期藝術，杜勒（Albrecht Dürer, 1471-1528）是該時期著名的紐倫堡畫家。紐倫堡的木板畫傳統則始自印刷商庫恩（Johann Bernhard Kühn, 1750-1826），透過印刷普及民間。其主題大抵上都是當地風土民情，輔以簡單淺白的文字，因而家喻戶曉。

一個只在牛群面前才有自我的牧人（如果他有自我的話），他是層次很低的自我；而只在奴僕面前才有自我的主人，他其實不是一個自我——因為兩者都缺少了尺度。有父母親為其尺度的孩子，他會成為一個自我，當他成年，則會以國家為其尺度；而以神為尺度的自我，它的地位豈不是無限地重要。自我的尺度始終會是：自我在其面前成為自我的東西。但是反過來說，這其實就是「尺度」的定義。正如同種類的東西才能夠合計，每個東西本身在質的方面都無異於據以衡量它的尺度，而凡是在質的方面作為其尺度（Maalestok）的，都是它在倫理上的目標（Maal）。事物在質的方面是什麼，正是取決於尺度和目標，除了自由世界裡的關係以外，在那個世界裡，由於他在質的方面正好不同於他的目標和尺度，他因而必須背負起這個資格的喪失（Disqvalification），如此一來，目標和尺度在鑑別方面始終不變，卻也突顯了他不同於他的目標和尺度。

這是個相當正確的觀念，經常出現在舊時的信理裡[4]，不過後來的信理[5]卻棄之不顧，因為他們對於這個觀念既不了解也沒有感覺——那是個相當正確的看法，即使有時候它被人誤用。這個觀念是：罪之所以這麼可怕，那是因為它是在神面前的罪。它被用來證明墮入地獄的永罰。[6]後來的人變狡猾了，他們說：「罪就是罪，它不會因為得罪神或是在神面前而加重。」真是匪夷所思！就是法律人也有「加重結果犯」的說法；就算是法律人也會區分對於執行公務者和對於一般公民的犯罪，區分殺父罪和一般殺人罪的刑罰。

不，在這點上，以前的信理是對的；由於罪是得罪神，這個罪就會無限加倍。其錯誤則是在於把神視為外在的存有者，接著又以為他們只是偶爾得罪神罷了。[7]然而神不是像一個警員那樣外在的存有者。我們必須注意的是，自我心裡想著神，卻不想照著神的意旨去做，因此自我是不順服神的。它也不是偶爾才得罪神，因為每個罪都是在神面前的罪；或者說，人的過犯之所以是個罪，那是因為過犯的人意識到他就在神的面前。

---

4 譯注。這裡指的是正統路德宗的信理，例如《奧格斯堡信條》第二條：「自亞當墮落之後，凡循自然公律而生的人，就生而有罪，就是說，不敬畏上主，不信靠上主，有屬肉體的嗜欲：這疾病，或說這原始的過犯，是真實的罪，使凡未藉聖洗和聖靈重生者永遠死亡。」第四條：「人在上帝面前不能憑自己的能力、功勞或善行得稱為義，然而人因基督的緣故，藉著信而稱義。」

5 譯注。指啟蒙運動以後的信理，尤其是康德主張道德源自人的理性立法，而不一定要心存上帝才能履踐其義務。

6 譯注。路德宗的主張。

7 譯注。路德宗區分罪的對象，主張有些罪是對神的，有些罪則是對其他受造者甚至自己的，因此不是所有罪都是得罪神的。

絕望的自乘和對於自我的意識成正比。但是自我的自乘又和自我衡量自己的尺度成正比，而當它以神為其尺度時，那個乘冪就變成無限大。自我越是心裡想著神，它就越大；自我越大，它就越會在心裡想著神。唯有自我這個個殊的個體意識到它在神面前，它才會是無限的自我；而那個自我也會在神面前犯罪。因此，外邦人的自私本質，不管它叫作什麼，都不會像在這裡也看得到的基督教世界的自私那麼「加重」。因為外邦人的自己並沒有直接面對著神。外邦人和屬血氣者只會以人的自我作為其尺度。從更高的觀點去看，把外邦人視為犯罪似乎也沒有錯，但是外邦人的罪其實是在絕望中冷落了神，在絕望中沒有想到要站在神面前，他們「活在世上沒有指望，沒有神」[8]。因此，從另一個觀點來看，外邦人嚴格說來其實沒有犯罪，因為他沒有在神面前犯罪；而所有的罪都是在神面前的罪。在某個意義下，外邦人往往混跡人間而苟免於刑罰，因為他們膚淺的伯拉糾主義（pelagiansk）觀念[9]救了他們。但是如此一來，他們的罪變成另一種罪，那是他以膚淺的伯拉糾主義理解的罪。另一方面，在某個意義下，嚴格的基督教教育往往會使人陷入罪裡[10]，因為整個基督教的觀點對他而言太沉重了，尤其是在他人生的早期階段。但是在另一個意義下，對於罪的這個更深刻的觀點對他終究是有好處的。

罪是：站在神面前，陷入絕望的人不想要做自己，或者是站在神面前，陷入絕望的人想要做自己。但是這個定義會不會太屬靈了一點，雖然它還是有其優點（其中最重要的優點在於它是唯一符合聖經的定義，因為聖經總是把罪定義成「不順服」）？對此我們可以有兩個回答，首先是對於罪的定義永遠不會太屬靈（除非因為太過屬靈而除滅了罪），因為罪正是靈的規定之一。其次，它為什麼會被認為太屬靈了呢？那是因為它沒有提到殺人、偷盜、淫亂之類的罪嗎？但是它真的沒有提到這些罪嗎？這些罪不也是故意得罪神的，不也是一種不順服，抗拒他的誡命？另一方面，如果只談到上述的這些罪，人們也總是忘了，在人而言，這些罪早已司空見慣，而整個人生可能就是一個罪，最惡名昭彰的那種罪：令人目眩的惡習，任性恣意，它不是不屬靈，就是厚顏無恥地無視於人的自我凡事皆必須順服神的更加深層的義務，不管是指每個陰暗的欲望和念頭，

8 譯注。《以弗所書》2:11-12：「所以你們應當記念：你們從前按肉體是外邦人，是稱為沒受割禮的；這名原是那些憑人手在肉身上稱為受割禮之人所起的。那時，你們與基督無關，在以色列國民以外，在所應許的諸約上是局外人，並且活在世上沒有指望，沒有神。」

9 譯注。伯拉糾主義為伯拉糾（Pelagius, 360-431）所創，主張在聖寵之外起步，自力走向救恩。

10 譯注。這段顯然影射齊克果的父親對他的教育以及兩人的衝突。

或者是它必須心悅誠服地傾聽、了解且跟隨神對這個自我的任何一點點意旨。肉體的罪是底層的自我的任性恣意，但是趕走鬼的，往往是靠著魔鬼自己，這豈不是前門拒虎，後門進狼嗎？[11]而世事也往往就是如此：人先是因為軟弱而犯了罪，接著他或許知道要托庇於神，求助於信仰，因而免除他所有的罪；不過這不是我們現在要談的。他因為軟弱而感到絕望，於是他或者是變成法利賽人，在絕望中想把絕望轉換成對於律法的自以為是，或者是在絕望中再度掉進罪裡頭。

所以說，這個定義顯然涵攝了所有想像的和現實的罪的形式。但是它無疑也指出了問題的癥結，也就是罪是絕望（因為罪不在於血肉本身的放縱不羈，而在於靈認可了它的縱欲），而且它是在神面前的罪。作為一個定義，那完全是代數的問題：如果在這本小品裡一開頭就描述個別的罪，那會是本末倒置而白費工夫。這裡要說的重點是，這個定義有如一張網，層層無盡地涵攝了罪的所有形式。而我們透過它的對立面，也就是信仰的定義，也可以證實這點，而後者正是引導著這部作品的航標。信仰是：做自己且想要做自己的自我，完全透明地接受神的安排。

但是人們總是忽略了：罪的反面絕對不是德行。這大抵上是外邦人的看法，他們以人的尺度自足，正因為如此，對於罪什麼，對於罪是在神面前的罪，他們其實一無所知。非也，**罪的反面是信仰**，此即《羅馬書》14:23所說的：「凡不出於信心的都是罪。」這也是整個基督教信仰最關鍵的定義：罪的反面不是德行，而是信仰。

附論　罪的定義裡包含了「冒犯」（絆倒）的可能：對於「冒犯」的概述

罪和信仰的對立是基督教的特徵，它以基督教的方式轉化所有倫理的定義，然後自其中披沙揀金。在這個對立的底部，可以看到關鍵的基督教定義：在神面前；而這個定義也具備了重要的基督教特質：荒謬、弔詭以及「冒犯」（絆倒）（Forargelse）[12]的可能。最重要的是，我們在基督教的定義裡都看得到後者，因為「冒犯」是基督教用以對抗一

11 譯注。《馬太福音》12:24-28：「但法利賽人聽見就說：『這個人趕鬼，無非是靠鬼王別西卜阿。』耶穌知道他們的意念，就對他們說：『凡一國自相分爭，就成為荒場，一城一家自相分爭，必站立不住。若撒但趕逐撒但，就是自相分爭，他的國怎能站得住呢。我若靠著別西卜趕鬼，你們的子弟趕鬼又靠著誰呢。這樣他們就要斷定你們的是非。我若靠著神的靈趕鬼，這就是神的國臨到你們了。』」

切思辨哲學的武器。那麼，「冒犯」的可能在哪裡？它就在於一個人原本應該擁有一個實在性（Realitet）：作為一個**個殊**的人，直接面對神，也正因為如此，人的罪應該和神有關。思辨哲學從來沒有思考過**單一**的人站在神面前的問題；它只是憑空想像，把個別的人普遍化為人這個種屬。這就是為什麼一個不信主的基督徒會認為罪就是罪而已，認為不管是否在神面前都沒有差別。換言之，他們想要抽掉「在神面前」的定義，自以為更加高瞻遠矚，說也奇怪，他們的看法卻和以前的外邦人的智慧沒什麼兩樣。

現在時常聽人說基督教因為太過諱莫如深或是太過嚴厲而得罪人，最好的開導方式大概就是告訴他們說，基督教之所以得罪人，那是因為它太過深思高舉，它的鵠的不是人的鵠的，它意欲成就人的不凡境界是他們瞠乎其後而難以想像的。我們只要以心理學略加解釋「冒犯」的本質，就可以說明這點，並且證明人們意圖除去「冒犯」好為基督教辯護是多麼愚騃的事，而我們也愚蠢而無恥地把基督的訓誨棄之不顧，他不只一次憂心忡忡地提醒門徒不要「引人犯罪」，也就是說，他親自指出「冒犯」的可能性既真實存在也有其必要，否則它就不是基督教的永恆本質，如此一來，那也意味著，基督憂心忡忡地要人提防它而不是除滅它，此舉在人們眼裡說有多荒謬就有多荒謬。

我們想像一個貧窮的臨時工和世上最有權勢的皇帝，有一天他突發奇想，召見這個臨時工，他從來沒有做這種夢，「心裡也未曾想到」[13]皇帝居然知道他的存在，聽到他有幸朝見皇帝，心裡有說不出的歡喜，日後也可以對子孫反覆敘述這件一生最重要的事——萬一皇帝召見他，對他說他要選他做駙馬，那又該怎麼辦？按照常理，那個臨時工應該會很困惑，既羞愧又尷尬；按照常理（這是人性使然），他應該會覺得那太荒唐了，他根本不敢跟別人提及這件瘋狂的事，因為在他心裡，他已經認定皇帝是在開他玩笑，而且左鄰右舍馬上就會傳開來，使得臨時工成為全城的笑柄，他的畫像會見報，

12 譯注。丹麥文「Forargelse」有犯罪、絆倒、得罪的意思，原本指的是聖經裡的「絆倒」。在基督教裡，「絆倒人」是指引人犯罪，使人無法接近神；這裡則是反諷人類的理性無法領會神的救恩而感到被「冒犯」。見：《馬太福音》16:23：「耶穌轉身對彼得說：『撒但，走開！你是我的絆腳石；因為你所想的不是上帝的想法，而是人的想法。』」18:7：「如果你的一隻手或一隻腳使你犯罪，把它砍下來，扔掉。缺手缺腳而得永恆的生命，比手腳齊全而被扔進永不熄滅的烈火中好多了。如果你的一隻眼睛使你犯罪，把它挖出來，扔掉。只有一隻眼而得永恆的生命，比雙眼齊全被扔進地獄的火裡好多了。」《路加福音》17:1：「耶穌向他的門徒說：『使人犯罪的事是必然會有的，可是造成這種事的人要遭殃了！倒不如用大磨石拴在他脖子上，沉到海底去；這樣比讓他使任何一個微不足道的人犯罪還好。』」

13 譯注。《哥林多前書》2:9。

而狗仔隊（Visekjerlinger）也會到處兜售他被選為駙馬的消息。他要做皇帝的女婿的事不脛而走，變成一個公開的事實，臨時工憑著所見所聞，就足以判斷皇帝究竟是認真的，或者只是在捉弄他，讓他一輩子抬不起頭來，最後在瘋人院裡終老一生，而眼下這個「逾分」（quid nimis）可能隨時都會反過來樂極生悲。那只是皇帝開的玩笑罷了，臨時工心裡會這麼想，這個小城的名流士紳也會這麼理解，狗仔隊也會這麼報導，這個小城裡的五十萬個居民（就人口數而言算是大城了，但是就其對於超乎尋常的事物管窺蠡測的習氣而言，只能算是個硜硜鄙陋的市集）[14]也是這麼想的。但是皇帝要選他做駙馬這件事實在太過分了。但是如果這件事不是公開的事實，而只是個念頭而已，臨時工就沒辦法透過事實去確認它，信仰就成了唯一的事實，而一切都必須交付給信仰；他是否有足夠的謙卑的勇氣去相信它（因為肆無忌憚的勇氣無助於**信仰**）。你覺得有多少臨時工具備這種勇氣？但是缺少這個勇氣的人會覺得被冒犯了；那些超乎尋常的事物聽起來幾乎都是在嘲弄他。他或許會坦承：「這種事太高深莫測了，不是我所能理解的；老實說，它讓我覺得自己是個笨蛋。」

現在回到基督教。基督教告訴我們，這個單一的個人，以及每個單一的個人，不管是丈夫、妻子、婢女、內閣大臣、商人、理髮師、學生等等，這個單一的個人都是**在神面前**——這個單一的個人，如果他一輩子曾經和皇帝說過話，應該會很驕傲，這個單一的個人，從來沒有幻想要和誰過從甚密，這個人，他站在神的面前，只要他願意，任何時候都可以與神對話；簡言之，這個人獲邀過著最親近神的生活！再者，為了這個人，也正是為了這個人，神來到這個世界，降生、受難、死亡；這個受難的神，他幾乎是跪下來懇求這個人接受他的幫助！如果人沒有謙卑的勇氣去信任、相信這件事，他就會覺得被冒犯了。可是為什麼他會覺得被冒犯？因為那對他而言太過高深莫測了，因為那是他無法想像的事，因為他沒辦法敞開心胸面對這種事，因此必須擺脫它，把它視為一文不值、瘋狂而荒誕的事，因為它會讓他感到窒息。

為什麼會覺得被冒犯？冒犯是心裡忿忿不平的欣羨。因此它和妒嫉有關，不過它是對自己的妒嫉，當它轉向自身時，嚴格說來是最不堪的妒嫉形式。屬血氣者心胸狹隘，無法接受神為他準備的超乎尋常的事物，因而覺得被冒犯了。

所以說，冒犯的程度取決於一個人在讚美時有多少熱情。如果人們平淡乏味，缺乏

---

14 譯注。影射哥本哈根。

想像和熱情，不知道如何去讚嘆，那麼他們也會覺得被冒犯，但是他們只會說：「這種事我不是很了解，先擱著再說吧。」這些人就是懷疑論者。但是如果一個人的想像和熱情越是豐富，在某個意義下，也就是就可能性而言，他就越能夠歸信，也就是說，在渴慕中向那超乎尋常的事物卑躬屈膝，而被冒犯的感覺也會更加激烈，非得把這整個東西連根拔除、毀滅殆盡、夷為平地，才能平息這個感覺。

要了解什麼是冒犯，就必須先探討人的妒嫉，那是我想另外處理的研究，也很想澈底探討這個主題。妒嫉是隱藏的讚嘆。一個人讚嘆某個東西，卻不能開心地涵泳其中，於是他選擇妒嫉他所讚嘆的東西。於是他選擇另一種語言。在他的語言裡，他所讚嘆的東西都被他說得一文不值，都成了愚蠢的、丟臉的、怪異的、誇張的東西。讚嘆是歡喜得渾然忘我，而妒嫉是心下慊慊地驕矜自負。

冒犯亦復如是：在人際關係中，是讚嘆和妒嫉，而在人神關係裡，則是愛慕和冒犯。所有人類智慧之總成（summa summarum）則是以下中庸之道的「黃金律」（或者應該說是鍍金的）：「不逾分」（ne quid nimis）。[15] 凡事過猶不及，都是行不通的。在街談巷議中，這個黃金律被奉為智慧，人們對它讚嘆不已；它從來沒有貶值過，整個人類就是它的幣值保障。於是，如果時或有個天才略微踰越了它，那些智者就會說他發瘋了。但是，基督教從這個「不逾分」往外跨出了一大步，投入荒謬之中：這正是基督教的開端——以及冒犯。

我們現在明白了，為基督教辯護是多麼超乎尋常（如果還有超乎尋常的東西存在的話）地愚蠢的事，如果有人把基督教當成一個可悲的東西，到頭來[16]還得為它辯護以拯救它，那豈不是洩漏了他對人性有多麼無知，甚至是存心冒犯，雖然他不一定意識到這點。由此可見，第一個想到要在基督教世界裡為基督教信仰辯護的人，他其實是猶大第二；猶大親了耶穌而背叛了他[17]；只不過他的背叛是愚蠢所致。為某個東西辯護，往往是在敗壞它的名聲。設想一個人有一座滿是黃金的倉庫，而他送給每個窮人一枚杜卡得

15 譯注。語出賀拉斯（Quintus Horatius Flaccus, 65 BC-8 BC）《詩藝》（Odes, II. X. 5）。另見亞里斯多德《尼各馬科倫理學》1108c-1109c：「倫理德性就是中間性，以及怎樣是中間性，中間性在這兩種過錯之間，一方面是過度，另一方面是不及。」中譯見《尼各馬科倫理學》，苗力田譯，中國人民大學出版社（1996）。

16 譯注。原文作德文「am Ende」。

17 譯注。《路加福音》22:47-48：「說話之間來了許多人，那十二個門徒裡名叫猶大的走在前頭，就近耶穌，要與他親嘴。耶穌對他說：『猶大，你用親嘴的暗號賣人子麼。』」

金幣（Dukat）[18]，可是他愚蠢到想要先替他的善行辯護，他提出三個很好的理由，反而讓人不禁懷疑他的作法究竟是不是善行。現在輪到基督教了。是的，為它辯護的人，從來都不相信它。如果他真的相信，那麼他的信仰熱情就不會是個辯護，而是主動出擊並且大獲全勝；一個信徒總是個戰勝者。

基督徒和所謂的冒犯就是這麼回事。冒犯的可能的確存在於基督教對於罪的定義裡。那就是：在神面前。一個外邦人、屬血氣的人，他們也會承認罪的存在，但這個罪是「在神面前」，也正因為如此，它才是個罪，而這點對他們而言太沉重了。對他們而言，這麼做人太沉重了（雖然是基於其他理由）。如果沒有那麼沉重，他們或許還能接受，但是「太沉重就是太沉重了」。

第二節　對於罪的蘇格拉底式的定義

罪是無知。眾所周知，這是蘇格拉底式的定義，就像每個冠上這個稱號的東西一樣，它也是不能不尊重的權威。然而，這個蘇格拉底式的觀點也和其他蘇格拉底式的東西一樣，人們都忍不住要追問下去。而讓人忍不住要追問下去的，莫過於這個蘇格拉底式的無知！或許是因為他們覺得不可能僅止於此。在任何世代裡，有多少人有辦法——就算撐上一個月也好——以整個存在（existentielt）表示對一切事物的無知呢？

因此，我不會因為人們會忍不住要追問下去就隨便把蘇格拉底打發掉。但是由於心存（in mente）基督教信仰，我還是會使用這個蘇格拉底的定義，以勾勒出基督教信仰的輪廓——只因為它是真正希臘式的定義；此外我也要指出，正如其他嚴格說來不屬於基督教的定義，每個折衷的定義其實都言之無物。

蘇格拉底的定義有個弊病，那就是它沒有清楚說明什麼是無知或是它的起源之類的問題。換言之，就算罪是無知（或者基督徒寧可把它叫作愚蠢），在某個意義下是不可否認的，可是我們要把它視為最初的無知嗎？這個無知的狀態是一個原本就不認識、至今也一直沒辦法認識真理的人的無知嗎？或者那是後來才被蒙蔽的無知？如果是後者，那麼罪其實應該是藏在無知以外的東西；罪應該在於一個人遮蔽其認知的行為。但是即

18 譯注。中世紀至二十世界通行歐洲各國的金幣。

便作此假設，還是有個頑強固執的弊病，現在問題變成在他著手遮蔽其認知的當下，他是否清楚意識到自己的行為。如果他沒有清楚意識到它，那麼他的認知應該早在他的行為之前就被遮蔽了；如此一來，我們又回到原來的問題上。另一方面，如果假設他在遮蔽其認知時清楚意識到自己的行為，那麼罪（儘管就其結果而言，那是無知的）不在於認知，而在於意志，問題就會指向認知和意志的關係。蘇格拉底的定義其實和這個伊於胡底的問題沒有關係（這些問題可以追問好幾天）。蘇格拉底的確是個倫理學家，他是第一個倫理學家（古代一致認為他是倫理學的建立者），始終是開創先河的人。但是他以無知為開端。就知識的觀點而言，無知是他要探索的目標，探索那個「一無所知」。然而在倫理上，他對無知的看法卻大異其趣，並且以它為起點。另一方面，蘇格拉底當然不是個宗教上的倫理學家，更不是信理上的倫理學家，例如基督教倫理學家。因此他沒有投入基督教以其為起點的整個探究，沒有投入罪所預設的那個「之前」（prius），而在基督教，則是以原罪的信理去解釋這個「之前」，不過在我們眼下的研究裡，只能約略提一下這個信理。

因此，蘇格拉底並沒有觸及罪的規定的問題，那無疑是罪的定義的一大弊病。但是何以致此？呃，如果罪是無知，那麼罪就不會真的存在，因為罪正是有意識的東西；如果罪是對於是非善惡的無知，而人因為不知道什麼是對的而犯了錯，那麼就不會有任何罪。如果那就是罪，那麼它就和蘇格拉底一樣假設了一個人不可能既知道什麼是對的而又犯錯，或者說明知道那是錯的而偏偏犯錯。可是在更深層的意義下，這在基督教信仰裡完全不成問題；在基督教的觀點裡，它是「證明完畢」（quod erat demonstrandum）的東西。基督教和外邦人差別最大的概念就是罪，關於罪的教義。職是之故，基督教也假設了：不管是外邦人或是屬血氣的人，他們都不知道罪是什麼；是的，它假設必定有來自神的啟示，揭露罪是什麼。基督教和外邦人的質性差別並不像世人膚淺的看法所說的，在於「補贖」的教義。不，它的開端要深刻得多，它必須始自罪，始自罪的教義——基督教事實上也是以此為起點的。因此，如果基督教有一天承認外邦人對於罪的定義是正確的，那會是對於基督教最具殺傷力的抗辯。

那麼，在蘇格拉底式的罪的規定裡，到底缺了什麼東西？是意志和抗拒。希臘思想過於歡樂、幼稚、美感（感官）、諷刺——過於罪惡，以致沒辦法想像居然有人會明知道什麼是對的卻不去做，或者說明知道什麼是對的卻仍然犯錯。希臘思想預設了理智上的定言命令[19]。

我們的確不能輕忽箇中真理，尤其是在這個充斥著空虛、浮誇而無益的知識的時代裡，更要牢記在心，就像在蘇格拉底的時代，或是尤其甚者，人們也必須動心忍性，以增益其所不能。當人們侈言窮究天人之際，以種種抽象的概念說得天花亂墜，甚至被他們說對了——當人們看到這些知識和理解對於人生束手無策，和他們所理解的現實生活相去不可以道里計，甚至正好相反，那時候真叫人哭笑不得。看到這個既可悲又可笑的差距，教人不由得驚呼：「他們怎麼會那樣理解它？他們真的是那麼想的嗎？」對此，那個年老的諷刺作家和倫理學家會回答說：「唉呀，我的朋友，你別相信它；他們根本就不了解，因為如果他們真的理解，而且表現在他們的生活的話，那麼他們應該會照著他們所理解的去做才對。」

理解和領會，它們是兩回事嗎？[20] 當然。而領會到這點（不是指第一種理解）的人，他會因此（eo ipso）窺見一切反諷（Ironi）的奧祕。所謂的反諷，就是指這個矛盾。嘲笑一個人對某個東西一無所知，那是很低級的喜劇形式，還算不上是反諷。以前的人以為地球是不動的（他們也只知道這麼多），這沒什麼好笑的。在一個對於物理世界的知識更豐富的時代眼裡，我們的時代看起來也好不到哪裡去。這只是兩個不同的時代的對比而已，此外沒有其他更深層的共同點了；但是這個對比並不是本質性的，因此本質上也不算是可笑的。不，但是當一個人站在那裡說了一件對的事，而且他也理解它，可是在行動上，他卻犯了錯，因而顯示他其實沒有真的理解它——是的，這是極為可笑的。當一個人正襟危坐地閱讀或聆聽別人大談什麼是克己（Selvfornegtelse）或者捨身為真理有多麼高貴，因而感動得滿頭大汗，涕泗縱橫——接著下一刻，一、二、三、唰的一聲[21]，他眼裡還有淚水，額頭上的汗水還來不及揩去，卻突然轉了個大彎，加緊腳步，不自量力地替謊言搖旗吶喊——這才是極為可笑的事。一個演說家以真誠的聲音和表情，感動自己也感動別人，振聾發聵地闡述真理，睥睨地獄的所有邪惡和力量，臉

---

19 譯注。康德認為一切道德法則皆是命令形式。其中又區分為假言命令和定言命令，前者是有經驗條件的、他律的，因而不能成為道德法則。道德法則必須是定言命令形式，先天的、客觀的且必然的。

20 譯注。對齊克果而言，理解（at forstaae）是包含行動的，而不僅是知性。他區分「知性」（Forstand）和「理解」（Forstaaelse）的不同，更區分兩種理解（理解和領會）：「古諺說，理解和『領會』不同，誠然矣。……一個人理解他自說什麼，那是一回事，而一個人從他所說的去領會自己，那是另一回事。」（《憂懼之概念》）。

21 譯注。作者在這裡用的是德文「ein, zwei, drei, vupti」。

色泰然自若，眼神直率坦誠，動作完美合度——可是幾乎就在同一個瞬間，「睡袍還沒脫掉」（Adriennen paa）[22]，他卻可以像個膽小鬼一樣逃之夭夭而不以為意——這才是極為可笑的事。一個人可以理解關於這個世界有多麼卑鄙污濁的真理，他理解它，卻無法分辨他理解了什麼，因為他同時正在卑鄙污濁的世界裡載浮載沉，既歌頌它，也得到它的讚美，也就是說，他承認了它——這才是極為可笑的事。唉，當我看到有人聲稱了解基督如何以奴僕的形象[23]到處餐風宿露，身無分文、受人戲弄凌辱，如經上說的，「吐唾沫在他臉上」[24]，接著我看到這個人汲汲營營地尋找一個在俗世意義下的好地方安穩地棲身[25]，當我看到他仔細地堵住所有縫隙，不讓任何讓他不舒服的風吹進來（彷彿如此他才有辦法活下去），滿心歡喜地打點一切，躊躇滿志地感謝神賜予他這一切，讓他得到眾人的讚美和尊敬[26]；於是我時常對自己說：「蘇格拉底，蘇格拉底，蘇格拉底，這個人怎麼可能理解他聲稱理解的東西呢？」我如是說；我也盼望蘇格拉底是對的，因為我覺得基督教太嚴格了，根據我的經驗，我沒辦法把這樣的人看作偽善者。不，蘇格拉底，我可以了解你；你把他變成一個小丑，一個風趣的人，你把他變成消遣的對象；你不會反對，甚至贊成我把他變成一個可笑的東西，如果我處置得當的話。

蘇格拉底，蘇格拉底，蘇格拉底！你的名字我要叫三次，如果真的有用的話，就算叫十次也不嫌多。人們認為世界需要一個共和國，他們認為它需要一個新的社會秩序，以及一個新的宗教，但是人們從來沒有想到，這個充斥了太多知識而不知所措的世界真正需要的是一個蘇格拉底。當然，如果有任何人想到這點，更不用說有很多人想到的話，蘇格拉底就不會那麼炙手可熱了。一個妄想最需要的，往往是它最想不到的東西——當然，否則它就不叫作妄想了。

我們的時代的確很需要這樣一個反諷的、倫理的譴責，或許是它唯一需要的，因為那顯然是它最想不到的東西。我們最迫切的需要不是超越蘇格拉底，而只是變成這個蘇

22 譯注。「演說家」影射教士，睡袍則是指他的祭披。典故出自：Ludvig Holberg, *Den Politiske Kandestøber*。另見：齊克果，《一個作者的觀點》，頁99。

23 譯注。《腓立比書》2:6-8：「他本有神的形像，不以自己與神同等為強奪的；反倒虛己，取了奴僕的形像，成為人的樣式；既有人的樣子，就自己卑微，存心順服，以至於死，且死在十字架上。」

24 譯注。《路加福音》18:32：「他將要被交給外邦人，他們要戲弄他，凌辱他，吐唾沫在他臉上，並要鞭打他，殺害他；第三日他要復活。」

25 譯注。《馬可福音》9:5：「彼得對耶穌說：拉比（就是夫子），我們在這裡真好！可以搭三座棚，一座為你，一座為摩西，一座為以利亞。」

26 譯注。影射當時丹麥大主教閔斯特（J. P. Mynster）。

格拉底，「理解和領會是兩回事」——這不是在人們最不幸的時候伸出援手的定論，因為那麼一來就會抹滅了「理解和領會」之間的差別，相反的，它是日常生活裡的倫理觀念。

蘇格拉底的定義是以下面的方式得出來的。當一個人沒有做對的事，那麼他也不會理解什麼是對的；他的理解只是個幻想。他所聲稱的理解是錯誤的訊息。他不斷聲稱如果他不理解就不得好死，這使得他越來越誤入歧途。但是這個定義的確是對的。如果一個人真的做對的事，那麼他當然不會犯罪；如果他沒有做對的事，那麼他也不會理解什麼是對的。如果他真的理解它，那麼他應該會即知即行；使他變成他的理解的聲像[27]：所以說（ergo），罪是無知。

可是弊病在哪裡？蘇格拉底的原理本身其實隱約知道弊病在哪裡，也知道補救之道，也就是說，其中缺少了關於從理解到行動的過渡（Overgangen）的辯證規定。而基督教就是以這個過渡為其起點；它循著這條路，它證明罪存在於意志裡，因而推論出抗拒的概念，然後把末端繫緊，再加上原罪的概念——唉，因為思辨哲學的祕密就在於只知道不停地縫綴，卻不會在末端縫緊，然後打個結，正因為如此，它可以一直縫下去，也就是一直把線穿過去。相反的，基督教則是用「弔詭」把末端繫緊。

在純粹的理想性裡是不會考慮到個別的、現實的人的，在那裡，過渡是必要的（在體系裡，一切都是必然發生的）[28]，或者說，從理解到行動的過渡一點問題都沒有。這是希臘人的思考（但不是蘇格拉底的思考，因為蘇格拉底是個不折不扣的倫理學家）。而這其實也正是近代哲學的所有祕密。因為他們說：「我思故我在。」（cogito ergo sum）思維即存有。（另一方面，換作是基督教，則會是：「照你的信心，給你成全了。」或者說：「你信故你在。」[29]信仰即存有。）由此我們看到，近代哲學和外邦人沒什麼差別。但這還不是最不堪的境況，因為和蘇格拉底扯上一點淵源，不算是太壞的事。但是近代哲學整個與蘇格拉底悖反的面向卻要讓我們幻想這就是基督教信仰。

反過來說，在現實世界裡的確會考慮到個別的人，在那裡，從理解到行動的過渡往

27 譯注。原文即作德文「Klangfigur」（聲像），又叫克拉尼圖形（Chladni figure），將揚聲器接上金屬板，觀察鋪在上面的沙子產生的圖形。

28 譯注。指黑格爾的哲學體系。見黑格爾《精神現象學》序言。

29 譯注。《馬太福音》8:13：「耶穌對百夫長說：你回去吧！照你的信心，給你成全了。那時，他的僕人就好了。」

往微乎其微；它不會一直都「以最快速度」（cito citissime），它不是（如果找不到合適的哲學術語，我會用德語的）「其疾如風」（geschwind wie der Wind）。相反的，從這裡會開始一段漫長的故事。

在屬靈的生活裡並沒有所謂的「靜止狀態」（Stilstand）（其實也沒有所謂的「狀態」〔Tilstand〕，一切事物都是已實現的）；如果一個人沒有即知即行，那麼他的認知一開始就會沸騰了。問題在於意志對於認知的態度。意志是辯證的東西，以人的整個低等本性為其基礎。即使意志不把認知當一回事，那也不必然就此推論說意志會和它的認知背道而馳（雖然這種極端的對立很罕見），但是意志會推脫遲延，它會臨時提案說「我們明天再想看看」。然後認知會越來越無足輕重，低等的本能則會漸漸佔上風。唉，因為行善是不待時節的，必須即知即行（這就是為什麼在純粹的理想性裡，從思維到存有的過渡看似那麼容易，因為一切都是瞬間生成的），但是因循泄沓正是低等本能的長項。漸漸的，意志不再反對這一切的發生，它幾乎是睜一隻眼閉一隻眼。而當認知夠昏闇了，意志和認知更加沆瀣一氣。最後它們莫逆於心，因為現在認知已經過渡到意志這一邊，承認意志所意欲的一點也沒錯。而這或許就是大多數人們的生活：他們想辦法一步步遮翳倫理和宗教的認知，因為那個認知會導致不利於他們心裡的低等本能的種種決定和推論；另一方面，他們會擴張其美感的和形上學的認知，而對倫理而言，這種認知只是無益戲論。

不過，儘管如此，我們和蘇格拉底原則只是五十步笑百步，因為蘇格拉底會說：「若真是如此，那也只是證明了這個傢伙沒有正確的理解。」那意味著這個希臘人不敢說一個人會有意識地做錯事，也不敢說人會明知什麼是對的卻做錯事。因此他們會自圓其說：「當一個人做錯事時，他並不理解什麼是對的。」

這話不假。而且沒有**人**能夠超越它。沒有人能夠用自己的話、憑著自己的能力說罪是什麼，因為他正陷在罪裡。他關於罪的說法，其實只是在為罪辯解，在脫罪，以犯罪的方式減輕罪責。這就是為什麼基督教信仰選擇另一個起點；罪不在於一個人不明白什麼是對的，而在於他不願意理解，不願意做對的事。

在關於**沒辦法**理解和**不願意**理解之間的差別方面，蘇格拉底剛好隻字不提；反之，在區分理解和領會之間的差異，他是所有諷刺作家當中的翹楚。蘇格拉底主張說，沒有做對的事的人，他也不會理解它。但是基督教會正本清源地說：「那是因為他不想理解，而後者則又是因為他不想做對的事。」接著，它會告訴我們，一個人會做錯的事（真正的抗拒），而不在意什麼是對的，或者是沒有去做對的事，雖然他理解它。簡言之，基督教關於罪的教義，無非是對於人類相當倨傲無禮的挖苦，是最嚴厲的控訴；那是天國的檢察官對於人類的起訴書。

人類有可能認知到這個基督教教義嗎？絕無可能；這太基督教了，也就是說，那根本就是個冒犯。它必須透過信仰去體會。認知僅限於人際關係；可是信仰是人神關係。那個基督教如何解釋這個不可思議的東西呢？它還是一貫地以不可思議的方式：透過啟示。

在基督教眼裡，罪就在意志裡，那是不想去認識的意志；而這個意志的墮落會影響到個人的意識。這完全是有跡可循的；不然的話，罪的起源的問題就會落到每個個人頭上。

而如此一來又會得罪人了。冒犯的可能性在於神的啟示旨在告訴人們罪是什麼，以及它有多麼根深柢固。屬血氣的人、外邦人，他們大抵上都會想：「不打緊，我承認天上地下的事我一竅不通。如果真有啟示的話，那就讓它告訴我們天上的事吧。但是如果說有什麼關於罪的啟示，那會是我聽過最荒唐的事。我不會妄稱自己是個完美的人，我一點也不完美，但是我知道那是怎麼回事，我也知道我還差得遠了。你以為我不知道罪是什麼東西嗎？」但是基督教會回答說：「不，你一點也不明白你和完美差了多遠，你也完全不知道罪是什麼。」請注意，在這個意義下，罪的確是基督教所謂的無知；那是關於罪是什麼東西的無知。

前章談到的罪的定義還有待補充一點。罪是：神都以啟示告訴你罪是什麼了，卻仍然在神面前絕望地不想做自己，或者是在絕望中想做自己。

第三節　罪不是否定，而是肯定

這是正統信理以及正統派本身一直以來的主張，把罪當作否定的東西，軟弱、肉欲、有限性和無知之類的，這種定義被他們斥為泛神論（pantheistisk）。[30] 正統派說得沒錯，這是一場不得不打的仗，或者如前所述，這裡是必須繫緊的末端；是必須堅持

30 譯注。抨擊把罪定義成否定的東西是泛神論的，是十九世紀敬虔派針對啟蒙運動和思辨哲學的說法。

到底的立足點。正統派很清楚，把罪定義成否定的東西，那將會掏空整個基督教而使它無以為繼。所以說，正統派主張，神一定會降下啟示，告訴墮落的人罪是什麼，而這個神旨必須信守奉行，因為那是個信理（Dogma）。想當然耳，弔詭、信仰和信理，這三個規定構成了一個聯盟和協議，作為最堅固的據點和堡壘，以對抗所有外邦人的智慧。

這就是正統派的說法。接著，透過一種不明所以的誤解，所謂的思辨信理（spekulativ Dogmatik）（它和哲學暗通款曲）[31]認為它可以把這個罪的規定**概念化**（begribe），也就是說，它是肯定的東西。但如果真是如此，那麼罪就真的是個否定了。所有概念化的祕密在於，概念化的動作高於它所定立的任何肯定事物。概念把某物定立為肯定的，但是概念化的這個動作本身卻是在否定它。思辨信理雖然大抵上明白這點，卻別無他法，只能在這個動作開始時派出維安部隊（Detaschement），而這和作為一門科學的哲學[32]八竿子打不到一塊兒。每一次都更加煞有介事，更多的誓言和毒咒，它主張說，罪是肯定的東西，它又說，把罪說成僅僅是否定的東西，那是泛神論和理性主義或者天曉得什麼東西的說法，思辨信理一概痛深惡絕——接著就暗渡陳倉，把它概念化，說罪是一種肯定（Position）。然而這意味著它只在某個程度下才是個肯定，僅限於人們可以概念化的範圍。

從另一個相關的角度，也看得到思辨信理這種口是心非的說法。罪的定義，或者說定義罪的方式，對於悔改（Anger）的定義相當關鍵。「否定的否定」這種說法太過思辨了[33]，使得悔改也只能說成否定的否定——罪也就是變成否定。——當然，腦袋清楚的思想家最好能說明一下，純粹的邏輯（我們會想到邏輯和文法的第一個關係，否定的否定就是肯定，也會想到數學），這個邏輯在什麼程度下在現實世界裡有效，在各種性質的世界裡；質的辯證是不是迥然不同的東西；「過渡」（Overgangen）在這裡是否扮演不同的角色。「在永恆的形相下」（sub specie aeterni, aeterno modo）[34]，並不存在著「**擴延**」（Spatierende）；一切只是**存在著**，沒有任何過渡。在這抽象的中介裡**定**

31 譯注。影射黑格爾右派（die Hegelsche Rechte）的信理，他們試圖把信理提高為哲學概念，最早的代表人物是腓力普．馬海內克（Philipp Marheineke），他認為罪是肯定的東西，是對神的敵意，卻又從思辨哲學的角度主張罪是神對世界的啟示的本質環節之一。

32 譯注。黑格爾認為哲學是個科學體系。見《精神現象學》〈序言：論科學認識〉。

33 譯注。黑格爾哲學的基本概念，是雙重否定的過程，從肯定、否定到否定的否定，以直接而肯定的東西為開端，接著否定其直接性，然後揚棄其矛盾。它既是前進的也是回到自身的過程。

34 譯注。見斯賓諾沙《倫理學》卷五命題三十六。

立任何東西，就其本身而言（eo ipso），無異於揚棄（ophæve）它。不過，用這種方式去看現實世界，那差不多是瘋了。在抽象概念上，我們可以說完成式（imperfectum）在過去式（perfectum）後面。但是在現實生活裡，如果有人因此推論說，它跟在它自己後面，而還沒有完成的東西緊接著就要完成，那麼他一定也瘋了。罪的定立也是如此，如果定立罪的中介是純粹思維的話。這個中介太捉摸不定了，而使得這個定立不值一哂。

不過這些都不是我在這裡要談的。我只想緊跟著基督教的原則，也就是罪是肯定的東西，但不是可以概念化的，而是作為一個弔詭（Paradox），我們只能相信它。而我認為這個信理是正確的。當所有概念化都證明是自相矛盾時，一切就會豁然開朗，一個人是否願意相信它，那顯然是信仰的問題。在概念上我可以理解（而概念化不會是多麼神聖的事），對於一輩子都只能從概念去理解事物、只能對概念事物形成意見的人而言，他會覺得這個說法相當貧乏。但是如果說整個基督教堅持這點，堅持那只能被相信，而不能被概念化，人要麼相信它，要麼覺得被冒犯，那麼概念化的理解又有什麼好處呢？試圖以概念去理解不能被概念化的東西，那是值得稱許的事，或者是傲慢而輕忽的行為？當一個國王突然想要隱姓埋名當個一般老百姓，而人們卻堅持要以王室之禮對待他，這樣是對的嗎？他們不顧國王的意旨而自作聰明，豈不是在國王面前顯得驕矜自大嗎？這些人自作聰明地臣服國王，卻非國王所願，也就是說，他們違背國王的意旨而對他必恭必敬，你覺得他會開心嗎？那些妄自以概念去理解基督教的人，我們就讓別人去讚美他們吧。承認一個人既沒辦法也不應該以概念去理解它，我認為那完全是一種倫理責任——在這個盛行思辨的時代，每個人都汲汲於以概念去理解一切，那或許需要相當程度的克己自制才行。而這無疑是我們的時代（基督教世界）迫切需要的：關於基督教，多一點蘇格拉底的無知，但是請注意，那是「蘇格拉底的」無知。我們不要忘記（但是有多少人認識到或思考過這個問題？），我們不要忘記，蘇格拉底的無知是對神的敬畏和敬拜，他的無知相當於猶太人所說的「敬畏耶和華是智慧的開端」[35]。我們不要忘記，他的無知是出於對神的敬畏，對一個外邦人而言，他作為一個**法官**，謹守著神與人的界限，維護神與人之間的質的差別深淵[36]，無論是以**哲學或詩之類的方式**，都

35 譯注。《詩篇》111:10。

36 譯注。影射耶穌的有錢人和拉撒路的譬喻（《路加福音》16:19-31）。「不但這樣，並且在你我之間，有深淵限定，以致人要從這邊過到你們那邊是不能的；要從那邊過到我們這邊也是不能的。」

不能把兩者混為一談。請注意，這就是為什麼蘇格拉底是個一無所知的人，這就是為什麼神說他是最有智慧的人。[37] 但是基督教告訴我們，每個基督徒只為信仰而活。因此它意欲一種蘇格拉底的、敬畏神的無知，透過無知保護信仰對抗思辨，以弔詭和信仰，堅守著神與人之間的質的差別深淵，比外邦人更戒慎恐懼，不讓人們以**哲學或詩之類的方式**，在體系之中把神與人混為一談。

因此，關於罪是個肯定，只能從一個側面去闡明。第一部關於絕望的論述則不斷指出一種升級。這種拾級而上的表現，一部分是自我意識的抬高，一部分則是從被動到有意識的行動的覺醒。這兩種表現加起來則又是在說明，絕望不是來自外界，而是來自內心。而它也成正比地漸次定立（ponerende）。但是依照上述罪的定義，那由於神的觀念而無限擴張的自我也屬於一種罪，而當人極盡可能地強烈意識到作為一種行動的罪，也構成一種罪。——這就是所謂罪是肯定的東西；罪是**在神面前**的罪，正是罪裡頭的肯定元素。

此外，所謂罪是一種肯定，這個定義裡在另一個意義下，也蘊含著冒犯的可能性，也就是弔詭。因為弔詭源自和解（Forsoningen）的教義。首先，基督教堅稱這種作為肯定的罪是人的知性無法理解的東西，接著同一個教義又以人的知性無法理解的方式排除了這個肯定。想用三言兩語就把弔詭打發掉的思辨哲學，把兩端都截掉一點，這樣就輕鬆多了：它使得罪沒有那麼肯定，卻也沒辦法接受「應該完全忘記罪」的想法。可是基督教，弔詭的原創者，在這裡也是極盡弔詭之能事，它彷彿在自打嘴巴，說罪是個肯定，現在看起來完全不可能把它擺脫掉——然後，這個基督教想要透過和解完全擺脫罪，宛如要把罪投入深海。[38]

關於A的附錄

但是如此一來，在某個意義下，罪豈不是變成更罕見的東西？（道德）

在第一部，我們指出絕望越是強烈，它在世上越是罕見。但是如果說罪是這種在性質

37 譯注。見柏拉圖《申辯篇》20d－21。
38 譯注。《彌迦書》7:18-9：「神啊，有何神像你，赦免罪孽，饒恕你產業之餘民的罪過，不永遠懷怒，喜愛施恩？必再憐憫我們，將我們的罪孽踏在腳下，又將我們的一切罪投於深海。」

上自乘的絕望，那麼它一定也很罕見了？真是奇怪的難題啊！基督教把一切都歸於罪[39]；我們則想盡辦法把基督教說得很嚴酷；然後我們得到這個莫名其妙的結論，認為罪不存在於外邦人當中，而只在猶太教和基督教裡，而且就算在那裡頭，也是很罕見的東西。

這話說的當然沒錯，不過只在某個意義下。所謂的犯罪，是「神都以啟示告訴你罪是什麼了，卻仍然在神面前絕望地不想做自己，或者是在絕望中想做自己」[40]，但是一個人很少這麼成熟，這麼清楚自己在做什麼，所以很少會發生這種事。可是接著會怎麼樣？是的，人必須留神，因為這裡有個辯證的轉折。一個人沒有陷入更強烈的絕望，並不能由此推論說他沒有絕望。相反的，絕大多數人都陷入絕望，只不過沒有那麼強烈。而絕望的程度再高一點也沒有太大的好處。在美感上，那的確是個優勢，因為在美感上，人們只在乎強度大小；然而在倫理上，絕望越是強烈，距離拯救就越遠。

罪也是如此：大多數人的生活，從漠不相關且辯證的角度去看，和善（信仰）可以說風馬牛不相及，其屬靈程度之低，幾乎說不上罪，也說不上什麼絕望。

在嚴格的意義下當個罪人，當然沒有任何好處可言。反之，在一個蠅營狗苟而「人」（他人）云亦云的生活裡，這種生活一點也不屬靈而說不上什麼罪，如聖經說的，「從我口中把你吐出去」[41]，在這種生活裡，人到哪裡才找得到一個真正的罪的意識（請注意，這卻是基督教所要的）。

但是問題不會就這麼被打發掉。因為罪的辯證會以另一種方式糾纏著你。一個人的生活怎麼會如此不屬靈，使得基督教完全使不上力，就像千斤頂（基督教所謂的「高舉」就猶如千斤頂）[42]在沼澤或泥淖裡毫無用武之地？這是人的遭遇使然嗎？不，那是他咎由自取。沒有人生來不屬靈的。不管人如何浪擲生命，到死都不屬靈，那都不是生命的錯。

不過，老實說，所謂的基督教世界（那裡有千千萬萬個基督徒，實際上，有多少人民，就有多少基督徒），不只是基督教的低俗版本，裡頭充滿扭曲原意、恣意刪節的印刷錯誤，更是辱沒了基督教之名。在一個窮鄉僻壤，你可能找不出三個詩人，卻有一大

39 譯注。《加拉太書》3:22-23：「但聖經把眾人都圈在罪裡，使所應許的福因信耶穌基督，歸給那信的人。但這因信得救的理還未來以先，我們被看守在律法之下，直圈到那將來的真道顯明出來。」

40 譯注。見本書第一七一頁。

41 譯注。《啟示錄》3:16：「你既如溫水，也不冷也不熱，所以我必從我口中把你吐出去。」

42 譯注。「高舉」，例如《約伯記》36:7：「他時常看顧義人，使他們和君王同坐寶座，永遠要被高舉。」

堆教牧，其中有多數是游手好閒之徒。詩人據說是有「天命」（Kald，呼召）的；但是在大多數人眼裡（當然他們都是基督徒），只要通過考試就可以當教士了。然而，一個真正的牧師比真正的詩人還要罕見，而「呼召」一詞原本是有宗教意義的。但是在基督教世界裡，人們還是認為當個詩人是很了不起的事，他的天命更是意義非凡。反之，在大多數人的眼裡（也就是在基督徒的眼裡），當個牧師卻沒有任何「舉揚」的意思，沒有半點奧祕可言，坦白說（in puris naturalibus），就只是一種謀生之道罷了。他們所謂的「呼召」，就只是指一個公職而已，意思也是說有了「名聲」；可是他們也會說**擁有**「呼召」，正如他們會說手頭上有個「呼召」可以分派。[43]

哀哉！這個詞在基督教世界裡的命運就像是對於整個基督教的警語。不幸的地方不在於沒有人為基督教發聲（也不是因為沒有足夠的牧師），而在於他們談論的方式使得言者諄諄，聽者藐藐（正如大眾認為教牧這個職業和商賈、律師、裝訂工或獸醫沒什麼差別），對於至高至聖者無動於衷，不知怎的，聽起來只不過是老生常談，和其他東西沒什麼兩樣。無怪乎人們不覺得該為自己的行為舉止負責，卻覺得有必要替基督教辯護。

但是一個牧師當然必須是個信徒。是的，一個信徒！畢竟，一個信徒是戀愛中的人；他甚至是戀人中的戀人；就其熱情而言，也只有血氣方剛的小夥子才差堪比擬。我們想像看看一個戀人。他不是一天到晚、日復一日絮絮叨叨地把他的愛人掛在嘴邊嗎？但是你覺得他會心血來潮、他有可能會、或者覺得有必要舉三個理由去證明戀愛的美好，正如牧師覺得必須舉三個理由證明禱告的好處，彷彿禱告是很低下的事，必須舉三個理由才能提高它的價值？或者牧師必須舉三個理由證明禱告是個超越所有知性的真福（這個舉動顯得更荒謬）。這真是個無價的反高潮（Anticlimax）[44]，一個超越所有知性的東西，卻必須舉三個**理由**去證明它，而這三個理由並沒有超出所有知性的範圍，相反的，它們要對知性證明這個真福完全沒有踰越所有知性的範圍，因為「理由」終究是在知性的範圍裡的東西。不，對於超越知性的事物而言（對於**相信**它的人們而言），那三個理由的意義和三只罐子或三隻鹿差不多！再說，你以為戀愛中的人會想要為他的

43 譯注。這裡是在諷刺教會把「呼召」當作職業來看。

44 譯注。反高潮（Anticlimax）或譯為突降法，是一種修辭法或戲劇手法，從原本莊嚴崇高的敘事或劇情的高潮急轉直下，變成平庸詼諧的語氣或是產生幽默的效果。此處的「Anticlimax」和作者的筆名無關。

愛情辯護，也就是說，承認它對他而言不是絕對的，不是無條件絕對的，他會想到有種種可能駁斥它的理由，因而覺得有必要去辯護；你以為他可能或想要承認他沒有墜入愛河，或者是對別人說他沒有墜入愛河嗎？如果你要一個戀愛中的人這麼說的話，你覺得他不會認為你瘋了嗎？而且，撇開戀愛不說，如果他是個旁觀者，他會不會覺得要別人為愛辯護的人根本不明白愛什麼，或者是要別人背叛或否認他的愛？對他而言，墜入愛河是超越所有理由和辯護的東西。而如果有人真的那麼做，他就沒有墜入愛河；他只是假裝墜入愛河，而且很不幸的（或者是很幸運的），他笨到讓人知道他沒有墜入愛河。

然而，這些有信仰的牧師們，他們就是用這種方式在談論基督教；他們不是為基督教「辯護」，就是把它轉換成各種「理由」，如果他們沒有變本加厲地用思辨哲學的方式把它「概念化」的話。這就是所謂的宣教，在基督教世界裡，這種宣教方式，乃至於有人認真在聽，都被認為是很了不起的事。正因為如此（這就是證明），基督教世界完全名不副實，在基督教的觀點裡，大多數人們的生活一點也不屬靈，因而算不上是嚴格的基督教意義下的罪。

B

罪的延續

每個罪的狀態（Tilstand i Synd）都是新的罪；或者如下文更精確地說，罪的狀態就是新的罪，就是罪。罪人或許覺得這句話言過其實；他最多承認每個新的本罪[1]都是新的罪。但是替他做簿記的永恆卻會把罪的狀態登記成新的罪。那裡只有兩個欄位，「凡不出於信心的都是罪」[2]；每個沒有悔改的罪都是新的罪；只要他沒有悔改，任何時刻都是新的罪。但是就算是人的自我意識也很少有這種連續性（Continueerlighed）！人的意識通常是間歇性的，他會意識到某些重大決定，而對於生活瑣事則往往習焉而不察；他們差不多就是一個禮拜只存在一個鐘頭[3]的那種靈，這種屬靈方式可想而知是很粗魯的。但是永恆在本質上是連續性的，它也如是要求人們，也就是說，他們必須意識到自己是靈並且信仰這點。相反的，罪人難逃罪的魔掌，因而無法窺見全豹，甚至誤入歧途而走向滅亡。[4]他只考慮到一個個新的罪，每個罪都彷彿是新的動力，把他推向滅亡之途，彷彿他以前不曾以罪的速度走向滅亡似的。對他而言，罪成了很自然的東西，或者說罪成了他的另一個本性，使得他日漸月摩而不以為意，直到每一次覺察到新的罪產生的動力，他才會停下腳步看看怎麼回事。在毀滅的路上，他看不到他的生命擁有的是罪的連續性，而不是心存信仰地站在神面前而擁有的永恆連續性本質。

然而，罪的「連續性」——罪不正是不連續的東西嗎？你瞧，我們又回到原本的話題，也就是罪只是個否定，人不可能聲稱所有權，正如人不能對贓物主張所有權，它是個否定，是虛弱無力的自我主張，卻在絕望的抗拒中忍受著無力感的痛苦，感到無能為力。是的，思辨哲學就是這副德行，但是對於基督教而言，罪（人必須相信它，因為它正是一個沒有人能以概念思考的弔詭）是個肯定，它會從它自身開展出一個不斷「定立的」[5]連續性。

---

1 譯注。「本罪」或稱「自罪」，和「原罪」對反。罪是人與神的決裂，人類以自由意志選擇背逆神，這是原罪；而離棄神之後的種種罪行，則稱為本罪。

2 譯注。《羅馬書》14:23：「若有疑心而吃的，就必有罪，因為他吃不是出於信心。凡不出於信心的都是罪。」

3 譯注。指主日講道的那一個鐘頭。

4 譯注。《馬太福音》7:13：「你們要進窄門；因為引到滅亡那門是寬的，路是大的，進去的人也多。」

5 譯注。「定立」（**ponerende**）指黑格爾哲學所謂的「定立」（**Setzen**）。見《大邏輯》：「自在之有首先為用為他之有作它的對立環節；但是『定立之有』也與自在之有對立……。自在之有通常被當作是表示概念的一種抽象方式；『定立』本來只是歸入本質範圍，即客觀反思範圍之內；『根基』建立起以它為根基的東西；……在概念展開的進程中，主要的事情當然是要經過區別什麼還是自在的，什麼是已定立的，以及規定是在概念中呢，是已定立的呢，還是為他之有的呢。」（中譯見：《邏輯學》，楊一之譯，商務印書館（1987）。「定立」原譯為「建立」；「根基」原譯作「根據」。）

這個連續性的增長定律，也不同於一個債或否定的增長定律。債不會因為欠債不還而增加，只有不斷舉債，才會使債增加。但是罪無時無刻都在增長，因為人並沒有逃離它的手掌心。罪人誤以為只有新的罪才會使得罪不斷增加，但是對於基督教而言，罪的狀態是更重的罪，它是新的罪。有一句諺語甚至說：「人都會犯罪，但是耽溺在罪裡則是魔鬼行徑。」[6]但是基督教對這句諺語的理解當然有所不同。只看到新的罪，而略過了在兩個罪之間的東西，這種跳躍式的看法就像認為火車只有在火車頭噴氣的時候才會前進一樣膚淺。不，我們要觀察的不是火車頭的噴氣和接下來的推進，而是那使得火車頭前進並且產生蒸氣的持續動量（Fart）。罪也是如此。罪的狀態是最深層意義下的罪，個別的罪並不是罪的延續，而是罪的延續的表現；罪的動量只是在個別的新罪裡更加顯眼而已。

罪的狀態是比個別的罪更重的罪；它就是罪。就此而言，在罪裡流連徘徊就是罪的延續，就是新的罪。一般人的看法則不然，他們認為一個罪才會產生新的罪。但是所謂罪的狀態就是新的罪，這個看法有更深層的根據。莎士比亞的《馬克白》（第三幕第二場）裡的台詞可以說是心理學的經典：「以不義開始的事情，必須用罪惡使它強固。」[7]

換言之，罪有個內在的一致性（Conseqvents），由於這個惡的一致性，罪也得到若干力量。然而如果人眼裡只有個別的罪，他是無法做此想的。

誠然，大多數人在渾渾噩噩的生活中鮮少意識到他們自己，因而也不知道什麼是一致性；也就是說，他們並沒有過著屬靈的生活。他們的生活，不管是如孩子一般天真可愛，或是飽食終日無所用心，不外乎這裡一點活動，那裡一點意外。有時候做一點好事，下一刻卻又幹了什麼壞事，如此循環反覆。他們或許會一整個下午陷入絕望，或許三個星期，然後再度打起精神，而沒多久又會一整天陷入絕望。有人說這是在遊戲人生，但是從來沒有一窺全豹，沒有想過這一切其實有個無限的一致性。所以他們只會聊些個別的東西：個別的善行，個別的罪。

每個屬靈的存有者，即使他要自己負責任，也有自己的風險，也都有其內在的一致性，某個更高的東西的一致性，至少是個理念。但是這種人卻又無限地害怕不一致性

6 譯注。金口聖若望（St. John Chrysostom）語。

7 譯注。原文為「Things bad begun make strong themselves by ill」；齊克果引用的是德文譯本「Sündentsproße Werke erlangen nur durch Sünde Kraft und Stärke」。中譯見：《馬克白》，朱生豪譯，世界書局（1996）。

（Inconseqvents），因為他對於什麼是一致性有著無限的想像：他知道他有可能被逐出他的生命所屬的全體。再微不足道的不一致性，都是個巨大的損失，因為那意味著他失去了一致性。或許就在那一刻，魔法被破除了，那個使所有生命力量融融泄泄的神祕大能也倦了，彈簧也彈性疲乏了，或許一切變成一團混沌，所有躁動不安的力量相互爭戰，使得自我痛苦不堪，一切都莫衷一是，沒有任何動量，任何推力（impetus）。那部巨大的機器，以其一致性使得它所有鋼鐵般的力量俛首帖耳，如臂使指地運用它的所有力量，現在卻故障了；尤其甚者，那部機器越是功能強大，它引起的混亂就越加驚心動魄。以善的一致性為其支柱和生命依據的信徒們，再微不足道的罪都會引起他們無窮的恐懼，因為他們的損失是無限多的。屬血氣的人，不管是天真或是幼稚，沒有什麼全體好損失的；他們的得失總是在細節上，在個別的東西上。

但是信徒固然如此，他們的反面，也就是被惡魔控制的人，在罪的內在一致性方面也不遑多讓。正如酒鬼一天到晚喝得醉醺醺的，他害怕如果有一天清醒了，他會中斷這個狀態，而跟著感到一蹶不振；被惡魔控制的人也是如此。就像當罪以種種誘人的形式慫恿好人們，他們總會哀求說：「請不要誘惑我。」被惡魔控制的人也是如此。被惡魔控制的人在面對心存善念的人時（對他而言，他們代表著至福莊嚴的善），會苦苦求饒，涕泗縱橫地哀求他們不要對他說話，如他所說的，不要讓他軟弱。正因為他擁有一個內在的一致性，罪的一致性，被惡魔控制的人也有一個可能會失去的全體。只要須臾離開了他的一致性，偶爾在飲食上失去節制，以不同的角度瞥見或了解到整個真相或只是其中的一部分，哪怕只是一秒鐘，他就再也沒辦法如他所說的做他自己。換言之，從前他在絕望中放棄了善；反正善對他一點好處也沒有。但是善不會放過他，使他找不到一致性的整個動量，使他軟弱。只有在罪的延續裡，他才能一直做他自己；這是他唯一的生存方式，唯有如此，他才能對自己有個印象。但這是什麼意思呢？那將會意味著，他深陷在罪的狀態裡，這個罪的狀態使他保持完整，邪惡地以其一致性賦予他力量。對他伸出援手的，不是個別的新罪（這真是太荒唐了！）；個別的新罪只是罪的狀態的表現，而後者才是真正的罪。

所以說，以下要討論的「罪的延續」，指的不是個別的新罪，而是罪的狀態，而後者又變成罪的內在自乘，在意識裡執著於罪的狀態。因此，不管在任何地方，自乘的運動法則是：往內走，走進越來越強烈的意識裡。

（A） 因罪而生的絕望的罪

罪是絕望；自乘是新的罪，這個罪就是因為自己的罪而陷入絕望。我們不難看到這就是自乘的一個定義；它不是新的罪，不是說一個人偷了一千元，後來又偷了一千[8]。不，我們這裡談的不是個別的罪；罪的狀態才是罪，而它會在一個新的意識裡自乘。

因罪而生的絕望說明了，罪在自身中曾經或將會是一致的。它不想和善有任何牽扯，不想軟弱到偶爾想要偷聽別人如何談到善。不，它只想聽它自己的聲音，只想管自己的事，如封似閉，是的，它把自己關在一個外殼裡，透過因罪而生的絕望，防範善的任何侵襲或者對善的嚮往。它知道自己把身後的橋拆掉了，再也沒辦法接近善，而善也不會找上它，使得它在軟弱的時候欲善而斯善不得至矣。罪本身就是脫離善，但是因罪而生的絕望卻是再次的脫離。它當然會從善那裡壓榨出最邪惡的力量，使它變得冷酷、頑固而不信神，因而認為一切以悔改為名、以恩寵為名的事物不僅是空虛而無意義的，甚至視其為寇讎而必須全力防堵，正如善必須抵擋誘惑。這麼說好了，（《浮士德》裡的）梅非斯特（Mephistopheles）說得好，世上沒有比絕望的魔鬼更悲慘的東西[9]，因為絕望在這裡必須解釋為軟弱到願意傾聽任何關於悔改和恩寵之類的事。若要形容這種在罪以及因罪而生的絕望之間的自乘，我們可以說，前者是與善決裂，而後者則是和悔改決裂。

因罪而生的絕望是在絕望中陷得更深，藉此試著堅持下去。正如熱汽球的飛行員丟下沙包好讓汽球升空，絕望的人也吃了秤砣鐵了心，拋棄所有的善（因為善的重量反倒會將人「高舉」），使自己陷得更深；他雖然深陷其中，卻相信他在升空，的確，他是變得更輕了。罪本身就是絕望的搏鬥；然而當人氣力放盡，就必須再次自乘，那是再次如魔鬼般的自我封閉，也就是因罪而生的絕望。那是變本加厲，魔鬼的氣燄更加高張，當然也更加深陷於絕望當中。那是賦予罪更多的支撐和好處，宛如授與它權柄，決心從此再也不想聽到任何關於悔改或恩寵之類的事。而因罪而生的絕望剛好會意識到自己的空虛，意識到自己的生活沒有任何憑藉，對自我更是沒有任何想像。莎士比亞的《馬克

8 譯注。原文的貨幣是「帝國銀行塔勒」（Rbd, Rigsbankdaler）。

9 譯注。《浮士德》第一部第十四場「森林和洞窟」：「沒出息的人一旦臨時找不著出路，就想要死。勇敢蠻幹的人才有生機！我看你倒有點惡魔的氣息。我發現世上再沒有，比絕望的惡魔更乏味的東西。」（Nichts Abgeschmackters find ich auf der Welt / Als einen Teufel, der verzweifelt）原文作「Abgeschmackters」（更加乏味），齊克果在本書中作「Elendigere」（更加悲慘的）。中譯見：《浮士德》，遠景（1982）。

白》（第二幕第二景）裡有一段心理學上的經典台詞：「因為從這一刻起（在他殺了國王以後，現在因他的罪而心生絕望），人生已經失去它的嚴肅意義，一切都不過是兒戲；榮名和恩寵已經死了。」[10]這句話經典之處在於最後幾個字「榮名和恩寵」（Ruhm und Gnade）語帶雙關。由於罪，也就是說，由於他因罪而陷入絕望，他和恩寵斷絕關係——也和他自己斷裂了關係。他自私的自我的虛榮心膨脹到了頂點。現在他變成了國王；然而，由於他因罪而陷入絕望，同時對於悔改的真實性以及恩寵感到絕望，他因而也迷失了自己，他甚至自暴自棄，沒辦法像在享受虛榮的自我那樣領受恩寵。

在生活中（由於因罪而生的絕望在生活中浮現；無論如何，人們是如此形容他們遇到的東西），人們習於誤解因罪而生的絕望，或許是因為這個世界充斥著輕浮、漫不經心而言之無物，使得人們一聽到深刻一點的東西，就會斂容脫帽以對。因罪而生的絕望不是對自身及其意義茫然若失，就是擺出一副偽善的模樣，或者是析辯詭辭，然而就是不肯表現為某種善的事物。那應該是更深層的本性的徵兆，才會把罪深藏在心裡。打個比方說，某個人沾染了某種罪，但是過了好一陣子，終於學會抵抗誘惑——可是當他故態復萌，再度屈服於誘惑，那麼這時候襲上心頭的絕望就絕對不只是因罪而生的痛苦。

那可能是完全不同的東西；從我看來，那也可能是對於神的定旨（Styrelsen）的怨忿。宛如是神意使他落入誘惑，它不應該對他那麼嚴酷的，因為他一直都有辦法抗拒誘惑。可是不分青紅皂白就把這種痛苦當作某種善的表現，那未免太婆婆媽媽了，他們沒有注意到所有的悲傷都有表裡不一的問題，而那又暗示著受苦者的後知後覺甚至冥頑不靈，而不知道他們所說的每一句話都是在自打嘴巴。這種人或許會以更強烈的措辭抱怨這個墮落如何折磨他、凌虐他，如何使他陷入絕望；他說：「我永遠不會原諒我自己。」這句話也許是在暗示他深藏在心裡的本性有多麼善良。這是在故弄玄虛（Mystification）。我刻意說到在這種情境往往會聽到的口頭禪：「我永遠不會原諒我自己」。而我們不妨以辯證的角度去理解這句話。他永遠不會原諒他自己——可是如果神會原諒他這點，那麼他當然樂於接受這個好意而原諒自己。不，這個因罪而生的絕望，語氣激動地（至少

10 譯注。《馬克白》原文是在第二幕第三景：「for from this instant / There's nothing serious in mortality: All is but toys; renown and grace is dead」（因為從這一刻起，人生已經失去它的嚴肅意義，一切都不過是兒戲；榮名和「美德」已經死了）。齊克果引用的是德文譯本（第二幕第二景）：「von jetzt (efterat han har myrdet Kongen – og nu fortvivler over sin Synd) giebt es nichts Ernstes mehr im Leben; Alles ist Tand, gestorben Ruhm und Gnade」。其中「grace」（Gnade）和神的恩寵無關，而是說馬克白雖然身為國王，卻失去了國王應該有的「美德」。

他自己完全不自覺）說他因為犯了罪而永遠不會「原諒」他自己（這麼說和乞求神原諒自己的懺悔正好相反），這個因罪而生的絕望，和善的定義完全碰不到一塊兒，那是更沉重的罪，因為他更加深陷在罪裡。重點在於，當他有辦法抗拒誘惑，那個時候，在自己眼裡的他比現實裡的他要善良得多，他開始為自己驕傲起來。這個驕傲有個好處，它可以讓過去都被拋到腦後。但是當他故態復萌，過去突然湧現眼前。他的驕傲受不了這個提醒以及接踵而至的深層悲傷。然而這個悲傷顯然讓他遠離神，那是潛藏的自戀和潛藏的驕傲，而不是謙卑地感謝神這麼久以來一直在幫助他抗拒誘惑，他也不會在神和自我面前承認那遠超乎他應得的，回想從前的他而甘心自卑。

我們在旁徵博引而發人深省的靈修作品裡處處可見這類的訓義。它們說，神有時候會讓信徒顛仆而落入某個誘惑，為的是要使他謙卑，使他更加堅信善；墮落和大步邁向善之間的對比往往使人無地自容，面對自我更讓人痛苦不堪。人越是善良，個別的罪自然會讓他更加痛苦，而萬一他誤入歧途，內心任何絲毫的焦灼也會更加危險。他或許會因為椎心刺骨的悲傷而陷入最黑暗的憂鬱；而愚蠢的牧師可能會讚美他深邃的靈魂和他心裡善的力量，一副那些東西就是善似的。還有他的妻子，在嚴肅而聖潔的丈夫面前，甚至可能會自慚形穢，因為他居然有辦法因為他的罪而如此悲傷。他的言談或許更加飾詞欺騙，他不會說：「我永遠不會原諒我自己。」（彷彿他以前曾經原諒過他自己——那真是褻瀆神明！）不，他會說神永遠不會原諒他。唉，這只不過是在故弄玄虛。他的悲傷，他的憂心，他的絕望都是自私自利的（就像對於罪的憂懼，有時候會使人因為憂懼而耽溺在罪裡，因為想要對自己感到驕傲的、想要免罪的，正是那個自戀），而他一點也不需要安慰；這也是為什麼牧師說了一大堆安慰他們的話，卻只是使他們的病更嚴重。

（B）對於赦罪感到絕望的罪（冒犯）[11]

在這裡，對於自我的意識的自乘就是認識基督，是在基督面前的自我。人首先是不知道他擁有一個永恆的自我（第一部），接著認識到他擁有一個蘊含著某種永恆事物的

11 請注意「因為」（over）自己的罪而心生的絕望以及「對於」（om）赦罪的絕望之間的差別。

自我。然後（在過渡到第二部時）指出這個差別存在於自我當中，它認識到自己是個人，或者說以人為尺度。而在這裡和它對立的則是：一個在神面前的自我，這個自我構成了罪的定義的基礎。

現在我們要談到在基督面前的自我，這個自我不是在絕望中不想做自己，就是在絕望中想要做自己。因為對於赦罪感到絕望總是會涉及絕望的某個公式：軟弱的公式或者是抗拒的公式；前者是因為被冒犯了而不敢去信，後者則是因為被冒犯了而不願意去信。只不過這裡的軟弱和抗拒（因為那不只是做自己的問題，更是在罪的限定下做自己，因而也是在一個人的不完美的限定下做自己）和平時大異其趣。一般的軟弱是：在絕望中不想要做自己。而在這裡，那其實叫作抗拒；因為在這裡，不想要做自己的是抗拒，它不想做現實的自己，一個罪人，正因為如此，人放棄了赦罪的可能。一般的抗拒是：在絕望中想要做自己。在這裡那變成了軟弱，也就是在絕望中想要做自己，做個罪人，在他的生命裡沒有寬恕這件事。

一個站在基督面前的自我，是個不斷自乘的自我，因為神的巨大讓步，因為神不可思議地強調他為了這個自我而來到這個世界，降生、受難、死亡。如前所述，對神的想像越大，自我就越大，因此在這裡：對基督的想像越大，自我也就越大。就性質而言，自我是以它自身為尺度的。所謂基督是尺度，那是說憑著神的見證，自我擁有不可思議的實在性；因為直到在基督身上，神才是人的目標和尺度，或者尺度和目標。——但是自我越大，罪也越重。

罪的自乘也可以從另一個方面看出來。罪是絕望；它的自乘則是因罪而生的絕望。但是現在神在赦罪中提出了和解。然而罪人仍然深陷絕望之中，而絕望也找到更深層的表現方式；現在它在某個意義下和神有關，而正因為它越來越遠離，它也更加深陷在絕望當中。當罪人對於赦罪感到絕望，那幾乎就像是他走到神的面前，聽起來像是在對神說：「不，沒有赦罪這種東西，那是不可能的事。」看起來像是在打架。但是從性質的角度看，人必須離神遠一點，才有辦法那麼說話；而為了能夠近身（cominus）搏鬥，他必須保持一段距離（eminus）；靈的生命的音響構造就是這麼奇怪，它的距離關係也是這麼奇怪。人必須盡可能遠離神，才能夠聽到這個「不」，雖然在某個意義下他是要抓住神。他和神距離越遠，就越逼近（Nærgaaenhed）神[12]；如果人想要欺身逼近神，

12 譯注。丹麥文「Nærgaaenhed」語帶雙關，字面意思是「接近」，也有「侮慢」的意思。

就必須先保持距離，如果他太接近神，他就沒有進逼的空間，因此，前進意味著遠離。唉，人在神的面前真是軟弱無能！如果人和某個達官顯要太狎近，他可能被發放邊疆以示懲戒；可是為了接近神，人卻必須離他遠一點。

在生活當中，人們時或會把這種罪（對於赦罪感到絕望）搞混，尤其是在道德淪喪的年代，世人群居終日而言不及義。在美學和形上學上，對於赦罪感到絕望被認為是一種深層本性的表現，那差不多就像是認為淘氣是孩子的深層本性的表現。自從人神關係中不再以「你應該」（Du skal）作為唯一的規範（Regulativ）以來[13]，你很難相信宗教說多混亂就有多混亂。這個「你應該」原本是任何關於宗教的定義不可或缺的東西；但是人們卻異想天開地利用神的理念或是神的概念作為人類自我吹噓的一個元素，好讓他們可以在神的面前驕矜自大。就像是在政壇上自我吹捧的人，當他們在野的時候，倒寧可有個政府可以讓他們唱反調；人們終究不會拋棄神，不過那只是因為人可以和神對立而自抬身價。以前讓人大驚失色、認為是背叛神的邪惡說法，現在卻被認為是神來一筆，認為它象徵著一個深層的本性。以前的人說「你應該**相信**」，言簡意賅，再清楚不過了，現在卻成了別出心裁的說法，被認為象徵著一個沒辦法擁有信仰的深層本性。以前的人說：「你應該相信赦罪。」而這段話唯一的註解應該是：「你應該相信，如果你不信，就會招致不幸；因為任何人應該做的事，他都有辦法做到。」[14]——現在它卻成了別出心裁的說法，象徵著一個沒辦法相信赦罪這件事的深層本性。看看基督教世界幹了什麼好事！如果裡頭完全沒有提到基督教，人也不會那麼傲慢自負，更不會有外邦人信仰這回事；但是以非基督教的方式大談基督教觀念的說法甚囂塵上，人們肆無忌憚地引用這些觀念——就算是還沒有到厚顏無恥的程度。耐人尋味的是，外邦人並不流行詛咒，基督教世界裡的人倒是很在行，在外邦人的世界，人們因為害怕或畏懼窈窈冥冥的事物而畢恭畢敬地呼喚神的名字，相反的，在基督教世界裡，神的名字往往出現在街談巷議當中，人們總是不假思索地脫口而出，因為那可悲的、對世人顯現的神（他沒有像躲在深宮高苑裡的貴族一樣隱藏起來，反而輕率而不聰明地顯現自己）在所有人當中只是個家喻戶曉的角色，人們偶爾上教堂，就算是幫神一個大忙，當然也得到牧師的讚

13 譯注。「你應該」、「規範」都是康德道德哲學的用語。

14 譯注。這還是康德的說法：「你能夠，因為你應該。」「人之所以能夠為之，那是因為我們自己的理性承認那是它的命令，並且說人應該如此為之。」（*Kritik der praktischen Vernunft*, A 171, 283）

美，他代表神感謝他們大駕光臨，推崇他們都是虔誠的信徒，並且揶揄那些從來不上教堂榮耀神的人。

對赦罪感到絕望的罪就是「冒犯」。猶太人當然有理由覺得基督冒犯了他們，因為他宣稱他可以赦罪。[15]如果有個人不是信徒（如果他是信徒，那麼他會相信基督是神）而要赦免人的罪，而人們卻不覺得被冒犯，那是極端不屬靈的事（這在基督教世界處處可見）。其次，如果聽到人家說罪可以被赦免而不覺得被冒犯，那同樣是相當不屬靈的。對人的知見而言，那是完全不可能的事——然而如果有人沒辦法相信，我不會稱讚他識見超卓；因為人**應該**相信它。

這種罪在外邦人那裡當然找不到。如果外邦人對於罪有個真正的觀念（他其實是沒辦法，因為他沒有神這個觀念），他也會因為他的罪而感到絕望，外邦人居然不為世界絕望，不為自己的一生絕望，卻因為他的罪而感到絕望，讓人不禁要讚美他。[16]在人們眼裡，那兼具了深刻的思想和種種倫理的意義。那可以說是極盡人之所能，也的確很少人做得到。可是在基督徒眼裡，一切都變得不同；因為你應該相信罪的赦免。

那麼就罪的赦免而言，基督教世界處在什麼位置？呃，基督教世界的處境其實正是對於赦罪感到絕望；那應該是可想而知的事。他們太過因循泄沓了，使得這個處境不曾真的浮現。他們甚至沒有意識到罪，他們只認識外邦人也知道的罪，而且像外邦人那樣心安理得地過著幸福的生活。但是既然生活在基督教世界，他們就必須超越外邦人，進而想像說他們的心安理得（是啊，在基督教世界裡也只能如此）正是對於赦罪的意識，而這也是牧師要會眾相信的事。

基督教世界的根本災難其實就是基督教，在於「神人」（Gud-Mennesket）[17]的教義（值得注意的是，對於基督教而言，冒犯的弔詭和可能性正是在保護這個關係）因為日復一日的宣教而變成陳腔濫調，以泛神論（pantheistisk）的觀點[18]揚棄了人神關係

---

15 譯注。《馬太福音》9:2-3：「有人用褥子抬著一個癱子到耶穌跟前來，耶穌見他們的信心，就對癱子說：『小子，放心罷，你的罪赦了。』幾個文士心裡說：『這個人說僭妄的話了。』」

16 因罪而感到絕望必須從信仰的辯證發展去看。我們不能忘記這個辯證關係的存在（即使本書只探討作為疾病的絕望）。其實，絕望作為信仰的第一個元素，這就蘊含了辯證關係。但是當人偏離信仰，偏離人神關係，那麼因罪而生的絕望就成了新的罪。在屬靈生活裡，一切都是辯證的。「冒犯」作為被揚棄的可能性，也是信仰的元素之一；但是如果冒犯偏離了信仰的道路，那就成了罪。如果一個人從來不覺得基督教冒犯了他，他或許會千夫所指、無疾而終吧。當我們這麼說，那就蘊含了被冒犯是好事一樁。但是我們還是必須說，感到被冒犯是個罪。

17 譯注。「神人」，或譯為「神人合一者」，尤指耶穌基督，神性和人性結合在一個位格。

當中的性質差別（一開始是思辨哲學，最近則是流於大街小巷的叫囂隳突）。世上沒有任何教義真的像基督教一樣把人神關係拉得那麼近；也沒有任何人做得到：只有神才有這個權柄，人的任何想像都只是夢幻空華，是個不牢靠的幻想。但是也沒有任何教義能夠小心翼翼地抗拒最駭人聽聞的瀆神行徑，也就是對於神的這個舉動沾沾自喜，以為人和神從此合而為一；沒有任何教義能像基督教一樣，透過「冒犯」的手段抗拒這個行徑。虛應故事的傳教士有禍了，信口雌黃的思想家有禍了，對他們逢迎拍馬的徒眾們有禍了。

如果要維繫秩序的存在——這也會是神的意旨，因為他不是個混亂的神[19]——那麼我們第一個要記得的是，每個人都是個別的人，也會意識到自己是個別的人。如果人一開始可以和亞里斯多德所謂的動物定義放在一起，也就是「群體」[20]，那麼這個抽象名詞（它不再是比虛無或是卑微的個人更微不足道的東西）就會被視為某物，而且不多久這個抽象名詞就會變成神。接著，就哲學觀之（philosophice），人神關係亦復如是。正如我們在政治上看到群眾如何脅迫國王，報紙如何挾持內閣官員，我們終究也會看到，所有（summa summarum）的人會一起脅迫神。或者說人和神其實是同體異名

（idem per idem）罷了。當然，有些哲學家也跟著蹚這個渾水，主張整個世代比個人重要得多，然而當他們的學說變了質，以至於有人宣稱暴民就是神人，這時候他們卻聞之作嘔。可是他們忘記了，那終究還是他們的學說。他們忽略了，那個學說之所以成立，只是因為上層階級接受他們的學說，因為上層階級的菁英接受它，因為上層階級的菁英或某個哲學家學圈變成了「道成肉身」。

那將會意味著，神人的教義使基督教變得狂妄自大。神看起來似乎太軟弱了。那就

---

18 譯注。齊克果批評的思辨哲學指的還是黑格爾，而他所謂的叫囂隳突則是影射費爾巴哈（Ludwig Feuerbach）的唯物論。「泛神論認為只有唯一的實體或自然，即一個由自身而存在的絕對永恆、無限、非位格的存有。……一切事物，包括人在內，均非獨立實體，只是絕對者的限定或表徵。人認識自己時，其實是神認識自己。以經驗而言，事物誠然彼此有別；但是從其深處的形上本質而言，事物彼此間及事物與神之間實為一體。神以產生事物之元始的身分是能產的自然（natura naturant），事物則是所產的自然（natura naturata）。由於一切均在神內，而神以內的生命具有必然性，因此無論神及受造物均無選擇自由。」見：Walter Brugger, *Philosophisches Wörterbuch*, 1947；中譯見：《西洋哲學辭典》，項退結編譯，先知出版社（1976）（部分譯文經譯者改動）。

19 譯注。《哥林多前書》14:33：「因為神不是叫人混亂，乃是叫人安靜。」

20 譯注。齊克果有斷章取義之嫌。見亞里斯多德《政治學》第三卷，1281a 40-43; 1281b 15-20：「由多數人執政勝過由少數最優秀的人執政，這雖說也有一些疑問，但還是真實可取的。……因為對於獸類也可以運用同樣的論證，有些人群與獸群又有什麼實質上的不同呢？」

像是一個天性善良的人做了太多的讓步，而得到的回報卻是不知感恩。想出神人教義的是神，現在基督教世界卻厚顏無恥地顛倒是非，妄稱是神的親戚，使得神的讓步就像是我們這個時代的國王頒布一部更自由的憲法一樣，而每個人都知道那是怎麼回事，「他是被迫那麼做的」。彷彿神處境尷尬，彷彿那些聰明人可以堂而皇之地對神說：「這都是你的錯；誰教你和人類牽扯不清？人類自己絕對不會做這種事，人心也不會想到[21]神和人有任何相似的地方。那都是你一手造成的，現在你要自食其果。」

但是基督教一開始就知道要保護自己。它從罪的教義開始。罪的範疇是個體性的範疇。[22]我們不能以思辨哲學的觀點去思考罪。它認為個別的人（det enkelte Menneske）必須歸在概念之下：我們沒辦法思考個別的人，而只能思考人這個概念。——這就是為什麼思辨哲學會附和整個世代相較於個人的**支配地位**（Overmagt）的說法，因為我們沒辦法要求思辨哲學承認概念相較於現實的**軟弱無力**（Afmagt）。——可是正如我們沒辦法思考個別的人，我們也沒辦法思考個別的罪人；我們可以思考罪（如此一來，它就成了否定），但是不能思考個別的罪人。這就是為什麼如果我們只是思考罪，罪就不會有多麼嚴肅，因為真正嚴肅的問題在於你我都是罪人。問題的嚴肅性不在於罪本身，而在於罪人身上，他是個個人。關於「個人」，如果思辨哲學真的前後一貫的話，應該會對於這個個人、這個沒辦法思考的東西嗤之以鼻。如果真要它去思考的話，它會對個人說：「這是值得浪費時間去瞎攪和的東西嗎？算了吧。個別的人和虛無差不了多少；你只要思考，你就是全部的人類：『我思故我在』（cogito ergo sum）。」然而那或許是個謊言，或許個人以及身為個人其實才是最重要的。或許吧。可是思辨哲學為了自圓其說，還是會說：「身為個別的罪人，那並不代表什麼，它還是歸於概念之下的東西；別浪費時間在那上面。」所以呢？我們是否應該思考罪，而不是做個個別的罪人（正如人被要求去思考「人」這個概念，而不是做一個個別的人）？然後呢？如果人思考罪，或許他自己也會變成「罪」？「我思故我在」，不是嗎？很好的建議！然而人大可不必擔心自己會就此變成罪——純粹的罪；因為罪是沒辦法思考的。然而就連思辨哲學也必須承認這點，因為罪其實是背離（Affald）概念的。[23]但是讓我們停止這種承認對方前提（e

21 譯注。《哥林多前書》2:9：「如經上所記：神為愛他的人所預備的是眼睛未曾看見，耳朵未曾聽見，人心也未曾想到的。」

22 譯注。「個體性」（Enkeltheden）是黑格爾哲學的用語。是概念的三個環節之一（普遍性、特殊性、個體性），代表概念在其規定性中回到自身，概念經由個體性而進入現實。

concessis）的論證，主要的困窘其實不在這裡。思辨哲學忽略了：罪把倫理的問題也扯進來，它一直和思辨哲學唱反調，扮演和後者對立的角色；因為倫理的問題不曾自現實抽離開來，而是深入現實當中，基本上是透過被思辨哲學不屑一顧的個體性範疇在運作的。罪是個體的規定；當一個人自己就是罪人，卻佯裝做一個個別的罪人算不上什麼，那是不負責任的，而且是一個新的罪。這個時候基督教就介入了，它在思辨哲學面前畫了個十字架記號；思辨哲學沒辦法擺脫這個困窘，正如帆船沒辦法逆風航行。罪之所以是嚴肅的，那是因為它在個體裡的現實性，無論是你或我。罪的辯證和思辨哲學的辯證正好背道而馳。

而基督教就是從這裡出發的，因而也是從個體出發的。[24]當然，基督教宣說神人的教義，宣說人和神的相似性，但它對於輕浮無恥的僭越行為卻是痛深惡絕。透過罪以及個別的罪的教義，神和基督（不同於任何國王）成為任何民族或人群可望不可及的對象，任何更自由的憲法的要求也不能及其身。在神面前，所有那些抽象概念都不存在；對於基督裡的神而言，只有個別的人（罪人）存在，而神仍然可以保護這一切；即使是麻雀也在神的眷顧之下。[25]大抵上，神是愛好秩序的；為此他任何時候都可能降臨；他任何時刻都是全在的（在任何教材裡都看得到神的這個稱號，人們或許偶爾會想到，卻不曾試著時時刻刻謹記在心）。神的概念不同於人的概念，在那個概念底下的個體是無法以概念測度的。他的概念涵攝一切，換個角度看，神其實沒有概念可言。神不會採

---

23 譯注。「背離」（Affald）（或墮落）影射謝林（F. W. J. Schelling）的同一哲學。相對於涵泳在絕對者當中的心靈直觀，也就是人心中的神性，知識只是否定性的東西。謝林認為那是因為人的墮落，因為他背離神。見：Schelling, F.W.J., *Philosophie und Religion* (1804)。

24 關於人類的罪的教義一直被濫用，因為人們沒有真正了解到，罪雖然處處可見，卻沒辦法把人們涵攝在一個共同的概念之下，或是凝聚在共同體裡，在一個聚會裡（「一個社會很少是由外頭墓園裡的死人組成的」）（齊克果語），相反的，罪會把人分裂成個別的個體，令每個人都變成罪人，在另一個意義下，這個分裂和存在的完美並行不悖，就目的論而言，甚至是邁向存在的完美。人們一直沒有注意到這點，因而以為人透過基督得到永久的和解。於是神再度被套上一個抽象概念，它宣稱和神的關係更加接近。但這只是一塊讓人更加狂妄自大的遮羞布罷了。如果「個人」覺得自己和神很接近（而這正是基督教的教義），那麼他應該也會意識到在恐懼和顫慄中接近神的整個重量，他應該會發現到（宛如那是個很古老的發現）冒犯的可能性。但是如果個人透過抽象概念得到這個榮光，那麼一切就變得太輕鬆了，因而被人濫用。如是，個人感受不到神的巨大重量，它使人自卑，因而把人壓得喘不過氣來，卻又把人高舉；人加入那個抽象概念，因而覺得一切都那麼理所當然地水到渠成。但是人畢竟不同於禽獸，對於後者而言，個體總是沒有種屬那麼重要。人之有別於禽獸，不僅僅是一般所說的那些長處，而是在於，就性質而言，個人一直是比種屬重要。而這個規定則又是辯證的，那意味著個人是個罪人，然而身為個人卻又是存在的完美。

25 譯注。《馬太福音》10:29：「兩個麻雀不是賣一分銀子嗎？若是你們的父不許，一個也不能掉在地上。」

取任何捷徑，他把握（comprehendit）現實本身，一切都是個體；對他而言，個體並不歸在概念之下。

關於罪的教義，也就是主張說你和我都是罪人的教義（無條件地拆散「群眾」），史無前例地澈底證實了神和人之間的性質差異——因為只有神才做得到；罪畢竟是「在神面前的」罪等等。人之異於神者，僅僅在於他以及每個人都是罪人，而透過「在神面前」，種種對立才能湊在一起加以對比（continentur）[26]而不能須臾分離；然而當他們如此湊在一起，種種差異就越加顯著，就像人們在比較兩種顏色：「擺在一起，對比才會更明顯」（opposita juxta se posita magis illucescunt）。在人的眾多屬性當中，唯有罪是和神完全無關的，不管是透過「否定之道」（via negationis）或是「上升之道」（via eminentiae）。[27]說神不是罪人（就好像說他不是有限的，因此，透過「否定之道」，他就是無限的），那是瀆神的說法。

身為罪人，人和神之間存在著一條深不見底的性質鴻溝。而當神赦罪時，他和人之間同樣存在著一條深不見底的性質鴻溝。即使藉由反向的「俯就適應」（Accomodation）[28]把神的概念轉換成人的概念，還是有一點是人絕對無法肖似神的：那就是赦罪。

「冒犯」最密集之處就在這裡，這也是主張人和神肖似的教義必然導致的結果。

然而冒犯卻也是主體性（Subjektivitet）以及個別的人最關鍵的規定。當然，只要思考被冒犯，就不可能不思考被冒犯的人，就像是思考吹笛就不可能不思考吹笛人一樣。[29] 但是就連思考也承認，相較於墜入情網，冒犯這個概念更加不實在，只有當某個個人被冒犯了，它才會是個實在的概念。

所以說，冒犯和個人有關。而基督教就是從這裡開始，也就是把每個人都當成個別的人，都當成個別的罪人。現在它把天上地下任何和冒犯的可能性（唯有神才有權支配它）有關的東西都湊在一起；這就是基督教信仰。因為基督教對每個個人說：你應該信，意思是說：你要麼會覺得被冒犯，要麼就應該信。然後就此戛然而止，而不能贊一

---

26 譯注。丹麥文的「de holdes sammen」有「湊在一起」和「比較」的意思。

27 譯注。「否定之道」（via negationis）和「上升之道」（via eminentiae）是「上帝存在證明」當中的兩個「類比論證」：前者透過受造物的不完美推論出完美的絕對者的存在；後者則是由完美程度的拾級而上，推論出有絕對完美的存有者的存在。

28 譯注。「俯就適應」是啟蒙運動時期的神學用語，指神遷就人的有限、成見和錯謬，以人類能夠理解的說法對人啟示他自己。

29 譯注。此處的比喻出自柏拉圖《申辯篇》27 b。

詞。「我說完了，」天上的神說：「我們到永恆裡再聊。在這期間，你想做什麼就做什麼，不過審判就在眼前。」

審判（Dom）！當然，我們大家都聽說過了，只要船上有暴動或是軍隊有兵變，往往因為犯案的人太多了而不得不免去刑罰；而如果當事人是民眾，有聲望有教養的民眾，更談不上什麼犯罪，而和《福音書》或《啟示錄》一樣可靠的報紙則會說那是神的意旨。為什麼會這樣？那是因為「審判」這個概念只針對個人；你不能審判一整批人（en masse）；你可以處死一整批人，可以對一整批人噴水，可以對一整批人逢迎諂媚；簡言之，你可以把他們當成一群牛，但是不能把他們當成牛群來審判，因為你不能審判牛。不管有多少人受審，如果審判是嚴肅而真實的，那麼每個個人都會受審。[30] 如果被告那麼多，那麼審判一般而言是進行不下去的；這就是為什麼整個案件會被撤銷，我們知道審判無法進行，因為受審的人太多了，我們沒辦法把他們一個個都抓起來，因此我們必須放棄**審判**。

而既然在我們的啟蒙時代裡，所有神人同形論（anthropomorphistiske）或神人同感論（anthropopathiske）的神的觀念都顯得捉襟見肘[31]，人們想當然耳地把神想像成審判者，而就像地方法院或是最高法院的法官們應付不了那麼多五花八門的案件，人們因而推論說在永恆裡也會是這個景象。因此，我們只要群聚終日，好確定牧師們會如此宣教。而萬一有個人膽敢直斥其非，有個人傻到由於恐懼和顫慄而選擇了充滿擔憂和責任的生活，甚至讓人討厭，那麼我們為求自保，不妨當他是個瘋子，必要的話，也可以處死他。如果我們大夥一起動手，那就不算是什麼過犯。說眾人會為惡，那是無稽之談，是過時的觀念。只要是眾人做的事，那都是神的意旨。在這個智慧面前（我們都很有經驗了，因為我們不再是少不更事的小夥子，我們不會信口開河，說話也都老成持重），直到現在，所有人都還要對它俛首帖耳，國王、皇帝、大臣，就連我們的牛群都可以靠這個智慧得到一點激勵：所以，即使是神也不得不學會向它低頭。那只是因為我們大家湊在一起人多勢眾；只要我們團結在一起，就不必擔心永恆的審判。——他們的確可以高枕無憂，如果他們只有在永恆裡才會變成個體。但是在神面前，他們以前是

30 此即為什麼神是「審判者」（Dommeren），因為他的眼裡沒有群眾，而只有個別的人。

31 譯注。神人同形論認為神是人的完美體現，擁有和人一樣的形象和性格；神人同感論認為神具有類似人的情感，或者以人的情感反應去揣度神。

個體，現在也一直是個體。就算人坐在玻璃櫃裡，都沒有像在神面前無所遁形的人那麼尷尬。人在面對良知時也是如此。因為良知的關係，每個過犯都會有判決書如影隨形地跟著它，而撰寫判決書的正是罪犯自己。不過他是用隱形墨水（sympatetisk blæk）寫的，只有在永恆裡對著光線看，讓永恆審查良知，才看得到他的判決書。基本上，每個人都會隨身攜帶自己的判決書來到永恆國度，上頭鉅細靡遺地記錄他的過犯或者不作為。因此，在永恆裡，就算是小孩子也能夠做出判決；它其實不需要什麼仲裁者；每個人的一言一行都記載得清清楚楚。對於經歷了一生而來到永恆國度的罪人而言，那就像是搭火車飛速逃離犯罪現場（以及他的罪行）的殺人犯一樣：唉！就在他所坐的車廂底下，一台電報機正傳來一份通緝令，要在下一站逮捕他。當列車到站，當他走出車廂，他就被捕了——不知怎的，他一直把判決書帶在身上。

所以說，對於赦罪的絕望就是冒犯。而冒犯是罪的自乘。不過一般人不作此想；人們通常不會認為冒犯是個罪，而且人們往往不會談到罪，而會談到各種罪，那裡頭並不包括冒犯。他們更不會把冒犯視為罪的自乘。那是因為他們心裡所認知的對立不是基督教所謂的罪和信仰，而是罪和德行。

（C）正面地（modo ponendo）揚棄基督教或是宣稱它是個謬論的罪

這個罪是褻瀆聖靈的罪。[32] 這裡的自我已經絕望透頂了；他不僅整個拋棄了基督教信仰，甚至認為它是謊言和謬誤——這個自我對自己的想像真是絕望極了。

當人們把罪視為人和神的戰爭，罪的自乘就格外顯著，在這場戰爭裡，他們改變了戰略；這個自乘是轉守為攻。罪是絕望；在這裡，他們明修棧道，暗渡陳倉。接著因罪而生的絕望就上場；它再度採取迂迴策略，或者是在持續撤退（pedem referens）的同時構築工事。現在它又改弦易轍，雖然罪越來越沉溺在自身當中而且節節敗退，但是在某個意義下，它卻是步步進逼，越來越堅決。對於赦罪的絕望直接拒絕了神的慈悲；現在罪不只是撤退，也不只是採取守勢。把基督教信仰當作錯謬和謊言而揚棄之，這是個攻勢戰爭。過去種種形式的絕望都是承認對手是勝出的一方；但是現在罪卻變成了攻方。

褻瀆聖靈的罪是「被冒犯」的肯定形式。[33]

32 譯注。《馬可福音》3:29：「凡褻瀆聖靈的，卻永不得赦免，乃要擔當永遠的罪。」

33 譯注。《馬太福音》12:32-3：「凡說話干犯人子的，還可得赦免；惟獨說話干犯聖靈的，今世來世總不得赦免。你們或以為樹好，果子也好；樹壞，果子也壞；因為看果子就可以知道樹。」

基督教的教義是關於神人，關於人神關係，但是我們可以說，冒犯的可能性是神不讓人靠他太近的保護措施。冒犯的可能性是基督教的辯證環節。如果拿掉了這個可能性，基督教不只會變成異教，甚至會太過異想天開，使得異教徒直斥其為無稽之談。和神如此接近，如基督教所說的，人可以也膽敢走向他，也將會在基督裡走向他，這是人們想都不敢想的事。但是當人們覺得那是理所當然的事，沒有任何保留，無拘無束，肆無忌憚；那麼，如果說外邦人關於神的歌頌是人的一種瘋狂形式，基督教就是神的瘋狂發明；只有失去理智的神才會想出這種教義，這是理智尚存的人類必須慎思明辨的。道成肉身的神，如果人想要和他稱兄道弟的話，應該相當於莎士比亞筆下的亨利國王。[34]

神和人在性質上有著無限的差異。對人而言，任何忽略這個性質差異的教義都是瘋狂的，對神而言，那是褻瀆神明的。在外邦人那裡，人把神造成人（「人神」）；在基督教裡，神把自己變成人（神人）——但是出於慈悲的恩寵的無限的愛，他卻設下**一個**條件；他不得不然。這也正是基督的憂愁：「他不得不然。」[35]他可以虛己取了奴僕的形象、受難、為人們而死、邀請所有人到他那裡[36]，他付出他生命的每一天，他一天中的每個鐘頭，付出他的生命——但是他沒辦法拿掉冒犯的可能。唉，愛的獨一無二的作工。唉，愛的深不可測的不幸，就連神也沒辦法（在另一個意義下，神也不會想要）保證愛的作工不會反過來變成人們最大的不幸。因為人們最大的不幸，比罪更大的不幸，是覺得基督教得罪了他，甚至一直記恨著。而基督不能、「愛」也不能阻卻這種可能性。他不是說過「凡不因我跌倒的就有福了」嗎？[37] 他能做的就這麼多而已。所以說，他可以（那是可能的）憑著他的愛使人遭受到不得不然的不幸。唉，這真是在愛當中深不可測的矛盾！然而，在愛當中，他的心沒辦法打消完成愛的作工的念頭；唉，雖然他因此使一個人遭遇到不得不然的不幸！

我們只從人的角度來談。唉，不曾出於愛而渴望為所愛犧牲一切、也因而沒辦法這麼做，這種人真是可悲！然而當他驀然領悟到，他為了愛，為了他所愛的人所做的犧

---

34 譯注。在《亨利四世》裡，威爾斯親王，也就是後來的亨利五世，和一個叫作福斯托夫爵士（Sir John Falstaff）的醉漢是酒肉朋友，成天不務正業，過著放蕩的生活，他的父王難得見他一面，而他也不曾想到自己的前途和國家潛伏的危機。

35 譯注。馬丁路德在「沃姆斯會議」中所說的話。

36 譯注。《馬太福音》11:28-29：「凡勞苦擔重擔的人可以到我這裡來，我就使你們得安息。我心裡柔和謙卑，你們當負我的軛，學我的樣式；這樣，你們心裡就必得享安息。」

37 譯注。《馬太福音》11:6。

牲，可能造成最大的不幸，那該怎麼辦？或者他心中的愛從此失去活力，不再那麼生氣蓬勃，自顧自地憂傷哀嘆，他會拋棄愛，不敢實現這個愛的作工，但是讓他懷憂喪志的，不是愛的作工，而是那個可能性。就像槓鈴的一頭變得無限地重，而舉重的人卻必須抓住另一頭，每個愛的作工也會變得無限的重，當它變成一種辯證關係，而當它是一種同情且辯證（sympathetisk-dialektisk）的關係，那就是它最沉重的時候，使得人因為愛而想要對所愛的人[38]做些什麼，看起來卻像是因為愛而退縮了。或者愛會勝出，他會因為愛而不顧一切。唉，但是在愛的歡喜裡（愛總是歡喜的，尤其是當人為它犧牲了一切）還是會有深層的哀傷——因為那個可能性一直存在著！沒錯，他會完成愛的作工，他會犧牲一切（他會為此大聲歡呼），但不是沒有淚水的；因為在這之上——我該怎麼稱呼它？——在內心世界的這個歷史畫面之上，始終籠罩著那個黑暗的可能性。反過來說，如果它沒有籠罩在他頭上，他的作工就不算是真正的愛的作工。我的朋友們，你一生中真的做過什麼實驗嗎？你絞盡腦汁，拆開所有包裝，顯露出你胸臆之間的感情內容（viscera），撤除橫阻在你和作者之間的防禦工事，然後去讀莎士比亞——你會被種種衝突（Collisioner）驚嚇得呆若木雞。然而就算是莎士比亞，似乎也對於真正的宗教衝突退避三舍。的確，或許只有神的語言才能表達這些衝突。而且沒有人能說那種語言；有個希臘人說得很好：人從別人那裡學會說話，從神那裡學會沉默。[39]

神和人間在性質方面的無限差異的存在，即構成冒犯的可能性，那是怎麼都去除不掉的。神因為愛而化為人身。他說：你瞧，身而為人是什麼意思，他又說：你要小心，因為我也是神，凡不因我跌倒的就有福了。降生為人的他虛己取了奴僕的形象，他對人們顯示什麼叫作自居卑微，沒有人可以置身其外，或者以為外貌以及聲望可以讓人更接近神。不，他是卑下的人。「你瞧，」他說：「看看身而為人是什麼意思；但是你要小心，因為我也是神。凡不因我跌倒的就有福了。」或者反過來說：「我與父原為一[40]，然而我還是這個個別的、卑下的、貧窮而孤獨的、被賣在罪人手裡[41]——凡不因我跌倒的就有福了。我，這個卑下的人，這個教聾子聽見、瞎子看見、瘸子行走、長大痲瘋的

38 譯注。這裡的「所愛的人」可能是影射黎貞娜。
39 譯注。語出：Plutarch, 'De garrulitae', 8, Moralia, 506 a。
40 譯注。《約翰福音》10:30; 17:21。
41 譯注。《馬可福音》14:41：「第三次來，對他們說：現在你們仍然睡覺安歇吧！夠了，時候到了。看哪，人子被賣在罪人手裡了。」

潔淨、死人復活的人，凡不因我跌倒的就有福了。」[42]

因此，我敢打包票大膽地說，「凡不因我跌倒的就有福了」這句話是關於基督的宣道的一部分，它不是教會在聖體聖事裡會宣講的話，但至少像是「人應當自己省察」[43]之類的。這些都是基督自己說過的話，尤其是在基督教世界裡，人們必須牢記在心，對每個人反覆宣說。只要這些話語沒有得到任何回響[44]，只要關於基督教的說法裡沒有任何地方包含著這個思想，那就是在褻瀆基督教。因為基督沒有護衛或奴僕豫備他的道，修直他的路[45]，要眾人留意是誰要來，卻是取了奴僕的形象降生到這個世界。但是這個冒犯的可能性（唉，對於深愛世人的他，這真是無比的痛苦）自始至終都在保護著他，在他以及那些看似最接近他的人們之間構築一道深不見底的鴻溝。

不覺得被冒犯的人會以信德**敬拜**神。敬拜是信仰的表現，它卻證明了他們之間存在著深不見底的鴻溝。因為在信仰裡，冒犯的可能性仍舊是辯證關係的元素之一。[46]但是這裡談到的冒犯卻是正面的（modo ponendo）的；這種冒犯會說基督教虛妄不實，滿口謊言，它也會如此批評基督。

如果要說明這種冒犯，我們最好先檢視各種不同的冒犯，它們主要都和弔詭（基督）有關，而且在基督教信仰的每個定義裡不斷出現，因為每個定義都和基督有關，也都心存（in mente）基督。

對人而言，最低下的冒犯是最無知的，也就是對於基督的問題存而不論，意思是說：「我不敢擅自論斷這種事；我不相信，但是我不做論斷。」這是大多數人都會忽略的冒犯，重點是他們把這個基督教的「你應該」忘得一乾二淨。這就是為什麼他們看不

---

42 譯注。《馬太福音》11:5-6：「就是瞎子看見，瘸子行走，長大痲瘋的潔淨，聾子聽見，死人復活，窮人有福音傳給他們。凡不因我跌倒的就有福了！。」

43 譯注。《哥林多前書》11:28：「人應當自己省察，然後吃這餅、喝這杯。」

44 這個情況在基督教世界裡處處可見，他們顯然不是忽略了基督在他受難之前對他的忠實門徒（他們自始至終追隨他，為他放棄一切）耳提面命，叮囑他們不要「跌倒」，就是暗地裡認為那是基督自己小題大作，因為有成千上萬的經驗證明人們可以信仰基督而不必擔心冒犯（絆倒）的可能性。但是這可能是個錯誤，當冒犯的可能性著手審判基督教世界時，這個錯誤就會浮現。

45 譯注。《馬太福音》3:3；《瑪拉基書》3:1。

46 觀察者有個小任務。如果你以為在世界各地講道的那麼多牧師都信仰基督教，那麼你怎麼會不曾聽過我們這個時代的祈禱詞這麼說：「天上的主啊，我要感謝你沒有要求任何人了解基督教，因為如果有此要求的話，我會是眾人當中最可憐的。（譯按：見《哥林多前書》15:19）我越是想要把握它，它就對我顯得越加不可捉摸，而我只是發現到冒犯的可能性。因此我要感謝主只要求我要有信心，而我也求主加增它。（譯按：見《路加福音》17:5）」這段祈禱詞完全合乎正統，而假設人是真心誠意地禱告，它也會是對於思辨神學的最大諷刺。但是我懷疑世上到底有沒有信德。（譯按：見《路加福音》18:8）

出來對於基督抱持著漠不相關的態度其實正是個冒犯。如果說基督教對你宣告了什麼，那意味著：你應該對於基督有個意見；他自身，以及他的存在或者曾經存在，對於所有生命是極為重要的。如果有人對你宣告基督的存在，而你卻說「我對這件事沒有任何意見」，那就是冒犯。

然而在我們的年代裡，人們庸俗鄙吝地宣揚基督教，因此我們對於這點的理解要有點保留。現在大多數無疑聽過基督教的宣教，卻從來沒有聽到他們說到這個「你應該」。但是當有人聽到了，如果他說「我對這件事不想有任何意見」，那麼他就是被冒犯了。他是在否認基督的神性，如果他不認為後者有權要求他表達意見的話。就算他說「關於基督，我什麼也沒說，完全不置可否」，那也於事無補，因為如此一來，別人就會問他說：「那麼關於你是否**應該**對於他表達意見的這個問題，你也沒有意見嗎？」如果他回答說「不」，那麼他就是作繭自縛；如果他說他沒意見，那麼基督教就會替他做論斷，認定他**應該**對於這件事以及對於基督有個意見，認為人不應該擅自把基督的一生當作奇人異事而不置可否。當神降生成人，那不是什麼一時興起的平庸念頭，就像有人自以為是地說那只是神在排遣無聊罷了[47]；不，他不是要去探險。不，如果神這麼做，那就會是存有者的一件嚴肅的大事。而這件嚴肅的事的嚴肅性則是在於：每個人都**應該**對這件事有個意見。當國王出巡到一個城鎮，如果官員無故沒有出城迎接，他會覺得那是在公然侮辱他。然而我不知道國王會怎麼想，如果那是因為官員不知道國王微服出巡，而國王卻打扮成老百姓的模樣，口出狂言說：「我才不理會什麼國王和他的法律呢！」同理，如果神一時興起降生成人，那麼人也可能會一時興起（那官員之於國王，正如人之於神）說道：「是的，我對這件事不想有任何意見。」人就是這麼狂妄自大地談論他基本上沒有注意到的事：人太過狂妄自大了，才會忽略了神。

下一個冒犯的形式是負面的、被動的形式。當然它知道它沒辦法不去注意到基督，也沒辦法對於基督的事不置可否，而埋首於自己營營擾擾的生活。但是它也沒辦法去相信；於是它只是呆呆盯著一個點，盯著弔詭。它也尊敬基督教信仰，認為「你們的意見如何？」[48]其實是所有問題當中最關鍵的。如此被冒犯的人一輩子都像個影子；他的一

47 譯注。見：Heinrich Heine, 'Die Heimkehr', *Buch der Lieder*, 1823。「然則我甚苦於無聊，倒寧可在塵世裡，而如果我不是慈愛的神，我很可能會變成魔鬼的神。」（Doch Langeweile plagt mich sehr / Ich wollt, ich wär auf Erden / Und wär ich nicht der liebe Gott / Ich könnt des Teufels werden.）

生都在受煎熬，因為在他內心深處，他一直被這個決定困擾著。而他其實就是見證了基督教世界的真實面目（正如不幸福的愛相對於愛的痛苦）。

冒犯的最後一個形式，正是我們一直在討論的，正面的形式。它宣稱基督教信仰是虛妄不實的，是個謊言。它附會幻影說（doketisk）[49]和理性主義的說法，批駁基督教信仰，認為或者基督並沒有變成個別的人，而只是看似如此，或者他**僅只是**個別的人。因此，依照幻影說的觀點，他變成了沒有任何現實性可言的詩和神話，或者依照理性主義的說法，他變成了不具有神性的現實性。當然，主張基督是個弔詭的這種批評，則又蘊含著否定基督教的一切：罪、赦罪等等。

這個冒犯的形式是褻瀆聖靈的罪。就像猶太人說基督是靠著鬼王別西卜趕鬼的[50]，這個冒犯把基督說成是魔鬼虛構出來的。

這種冒犯是罪的最高乘方，而人們往往對它視而不見，因為他們不像基督教那樣把罪和信仰對立起來。

然而，這個對立一直存在於本書當中，一開頭就提到如何讓絕望銷聲匿跡的公式：由於自我和自己產生關係，由於它想要做自己，它完全透明地接受那定立它的大能的安排。（見第一部A・（A））而如前所述，這個公式就是信仰的定義。

48 譯注。《馬太福音》22:41-2：「法利賽人聚集的時候，耶穌問他們說：論到基督，你們的意見如何？他是誰的子孫呢？他們回答說：是大衛的子孫。」

49 譯注。幻影說，或作幻身論，西元一世紀末至二世紀初的學說。主張耶穌在地上的人性生活，尤其是痛苦和死亡，僅僅是些幻象而已。（見：《英漢信理神學辭彙》，光啟，1986。）

50 譯注。《馬太福音》12:24：「但法利賽人聽見，就說：這個人趕鬼，無非是靠著鬼王別西卜啊。」

國家圖書館出版品預行編目資料

致死之病／齊克果（Søren Aabye Kierkegaard）著 . 林宏濤 譯——初版 .
——臺北市：商周出版：家庭傳媒城邦分公司發行 , 2017.09
面；　公分 . ——

譯自 : Sygdommen til Døden : En christelig psychologisk Udvikling til Opbyggelse og Opvækkelse

ISBN 978-986-477- 305-3 (平裝)

1. 齊克果 (Kierkegaard, Søren, 1813-1855) 2. 基督教 3. 宗教哲學

149.63　　106014104

「線上問卷回函」

致死之病

原著書名／Sygdommen til Døden: En christelig psychologisk Udvikling til Opbyggelse og Opvækkelse
作　　者／索倫・齊克果（Søren Aabye Kierkegaard）
譯　　者／林宏濤
責任編輯／楊如玉

版　　權／黃淑敏、吳亭儀
行銷業務／周丹蘋、賴正祐
總 編 輯／楊如玉
總 經 理／彭之琬
事業群總經理／黃淑貞
發 行 人／何飛鵬
法律顧問／元禾法律事務所 王子文律師
出　　版／商周出版
台北市104民生東路二段141號9樓
電話：(02) 25007008　傳真：(02)25007759
E-mail：bwp.service@cite.com.tw
Blog：http://bwp25007008.pixnet.net/blog
發　　行／英屬蓋曼群島商家庭傳媒股份有限公司城邦分公司
台北市中山區民生東路二段 141 號 11 樓
書虫客服服務專線：(02)25007718；(02)25007719
服務時間：週一至週五上午 09:30-12:00；下午 13:30-17:00
24 小時傳真專線：(02)25001990；(02)25001991
劃撥帳號：19863813；戶名：書虫股份有限公司
讀者服務信箱：service@readingclub.com.tw
城邦讀書花園：www.cite.com.tw
香港發行所／城邦（香港）出版集團有限公司
香港灣仔駱克道 193 號東超商業中心 1 樓
E-mail：hkcite@biznetvigator.com
電話：(852) 25086231 傳真：(852) 25789337
馬新發行所／城邦（馬新）出版集團【Cite (M) Sdn. Bhd.】
41, Jalan Radin Anum, Bandar Baru Sri Petaling,
57000 Kuala Lumpur, Malaysia.
Tel: (603) 90578822　Fax: (603) 90576622
Email: cite@cite.com.my

封面設計／陳文德
排　　版／極翔企業有限公司
印　　刷／韋懋實業有限公司
經 銷 商／聯合發行股份有限公司
電話：(02) 2917-8022　Fax: (02) 2911-0053
地址：新北市 231 新店區寶橋路 235 巷 6 弄 6 號 2 樓

■ 2017 年 9 月初版
■ 2022 年 4 月 18 日初版 2 刷
定價 320 元

Printed in Taiwan

城邦讀書花園
www.cite.com.tw

　ISBN 978-986-477-305-3